山东省社会科学规划研究项目文丛·青年项目

本书的出版受

山东省社会科学规划研究项目·青年项目（19DJJJ14）

和教育部人文社会科学研究项目（21YJC790128）

的资助

经济学学术前沿书系
ACADEMIC FRONTIER
ECONOMICS BOOK SERIES

乡村振兴战略背景下农户土地流转问题研究

夏清滨◎著

经济日报出版社

图书在版编目（CIP）数据

乡村振兴战略背景下农户土地流转问题研究 / 夏清滨著. -- 北京：经济日报出版社，2021. 10

ISBN 978 - 7 - 5196 - 0960 - 3

Ⅰ. ①乡… Ⅱ. ①夏… Ⅲ. ①农业用地 - 土地流转 - 研究 - 中国 Ⅳ. ①F321. 1

中国版本图书馆 CIP 数据核字（2021）第 206492 号

乡村振兴战略背景下农户土地流转问题研究

主　　编	夏清滨
责任编辑	宋潇旸
责任校对	薛银涛
出版发行	经济日报出版社
地　　址	北京市西城区白纸坊东街 2 号 A 座综合楼 710（邮政编码：100054）
电　　话	010 - 63567684（总编室）
	010 - 63584556（财经编辑部）
	010 - 63567687（企业与企业家史编辑部）
	010 - 63567683（经济与管理学术编辑部）
	010 - 63538621　63567692（发行部）
网　　址	www. edpbook. com. cn
E - mail	edpbook@ 126. com
经　　销	全国新华书店
印　　刷	北京建宏印刷有限公司
开　　本	710 mm × 1000 mm　1/16
印　　张	11. 25
字　　数	141 千字
版　　次	2021 年 10 月第 1 版
印　　次	2021 年 10 月第 1 次印刷
书　　号	ISBN 978 - 7 - 5196 - 0960 - 3
定　　价	49. 00 元

摘 要

党的十九大报告提出“实施乡村振兴战略”，强调“坚持农业农村优先发展，按照产业兴旺、生态宜居、乡风文明、治理有效、生活富裕的总要求，建立健全城乡融合发展体制机制和政策体系，加快推进农业农村现代化”。要求“巩固和完善农村基本经营制度，深化农村土地制度改革，完善承包地‘三权’分置制度”。农村土地“三权分置”改革要求，在平等保护承包权基础上，放活土地经营权。放活土地经营权基础上的土地流转即是实施乡村振兴战略的关键环节，也是关系到乡村振兴战略成败的核心问题。当前，伴随着工业化和城市化的日益发展，越来越多的农民脱离土地进入城市，土地抛荒、“空心村”问题日益凸显，如何解决“谁来种田”的问题愈来愈凸显。在这一过程中，土地流转显得越发重要。当然，我们仍需认识到土地流转在推动农村经济社会发展的同时，也存在诸多不足与问题。对此，在乡村振兴战略实施过程中，认识当前农村土地流转现状，把握农村土地流转过程中存在的问题，在对多方利益博弈分析基础上，研究影响农户土地流转的因素，以及土地流转产生的影响，在此基础上针对性解决农村土地流转过程中存在的问题，进而进行农户土地流转的路径优化，成为深入贯彻党的十九大精神，促进农业农村现代化的关键因素，亟待深入探讨和研究。本研究聚焦农户土地流转，试图对以上问题进行分析。

首先，从制度变迁视角梳理前工业时代、工业时代和后工业时代的土地流转特征，发现土地流转的发展历程，实际上就是在公平和效率两个目标间权衡抉择的过程。前工业时代的土地流转，是政治性的而非经济性的，是由计划支配的而非市场调控的，是更加注重公平而非效率的。工业时代的土地流转经历了互助组出现到人民公社、家庭联产承包责任制两个阶段。互助组出现到人民公社阶段目标更加注重提升工业化建设的效率，其发展是由行政力量干预而非经济利益引导的。家庭联产承包责任制阶段则是首次自下而上发起的土地流转，更注重提升粮食生产的效率，流转土地经营权。

其次，在实际调研基础上分析农户土地流转现状、问题、影响因素及福利效应。第一，通过对山东省十多个地级市及县级市政府部门工作人员、农业合作社、农业公司、农户等多方主体的调研发现，山东省农户土地流转率相对较低，且缺乏有效的中介机构帮助农户进行土地流转，对目前土地流转现状不满意的农户不在少数。第二，实证检验了农户土地流转的影响因素，发现户主年龄、上年家庭中是否有成员参与农业培训、上年家庭生产性固定资产原值、上年农户是否在亲友之间发生流转行为、农户所在村是否位于平原对农户土地流转均有正向影响，而户主受教育水平、上年是否有成员参与非农培训、上年是否参与养老保险、上年非农收入所占比重、上年家庭拥有劳动力、上年家庭成员外出务工时间、上年是否受到信贷约束、上年礼金支出总额对农户土地流转则是负向影响。第三，讨论了农地流转的福利效应，主要从农户的总收入、生活消费支出、农业生产经营投资三个方面分析土地流转产生的影响。研究发现，土地流转对农户福利水平有显著的影响，转包出土地可以显著提高农户的总收入，进而提高农户的生活水平。

最后，在识别和评估农户土地流转风险以及土地流转博弈分析基础上给出不同层面、不同主体相关的政策建议及土地流转优化路径。第一，对农户土地流转风险识别与评估。认为农户土地流转存在生态风险、市场风险、契约风险、分化风险、政治风险、制度风险等，并使用层次分析法（AHP）将风险因素进行优先排序：市场风险、契约风险、政治风险、生态风险、制度风险、分化风险。第二，分析土地流转中各利益相关方的利益诉求及相互博弈，在此基础上，从农民方面、农村方面、农业企业方面、政府方面给出了政策建议，并且给出了多方利益博弈下的土地流转优化路径。

本研究主要基于调查研究和计量实证。第一，调研团队在2016—2018年度3年间走访了山东省十多个地级市及县级市，针对政府、农业合作社、农业公司、农户等多方主体展开调研。2016年走访了济南市以及青岛市等县（市、区），选取9个贫困村进行实地调研。2017年调研地区包括济南市、青岛市、东营市、聊城市、潍坊市、济宁市等县（市、区）。2018年则选取了济宁市、滨州市、菏泽市、淄博市以及德州市等县（市、区）进行实地调研。第二，使用半参数排序选择模型识别和评价农户土地流转决策的影响因素，使用基于广义倾向得分法（GPSM）的处理效应模型进行土地流转的绩效评价。本书还使用了层次分析法识别和评估土地流转风险，使用静态博弈的纳什均衡分析土地流转利益相关者博弈等。

目　录
CONTENTS

表目录

图目录

第 1 章　导　论

1.1 问题的引出

党的十九大报告提出“实施乡村振兴战略”，强调“坚持农业农村优先发展，按照产业兴旺、生态宜居、乡风文明、治理有效、生活富裕的总要求，建立健全城乡融合发展体制机制和政策体系，加快推进农业农村现代化”。要求“巩固和完善农村基本经营制度，深化农村土地制度改革，完善承包地‘三权’分置制度”。2018 年党中央国务院一号文件《关于实施乡村振兴战略的意见》提出：“完善农村承包地‘三权分置’制度，在依法保护集体土地所有权和农户承包权前提下，平等保护土地经营权。农村承包土地经营权可以依法向金融机构融资担保、入股从事农业产业化经营。实施新型农业经营主体培育工程，培育发展家庭农场、合作社、龙头企业、社会化服务组织和农业产业化联合体，发展多种形式适度规模经营。”农村土地“三权分置”改革要求，在平等保护承包权基础上，放活土地经营权。放活土地经营权基础上的土地流转即是实施乡村振兴战略的关键环节，也是关系到乡村振兴战略成败的核心问题。当前，伴随着工业化和城市化的日益发展，越来越多的农民脱离土地进入城市，土地抛荒、“空心村”问题日益凸显，如何解决“谁来种田”的问题愈来愈急迫。在这一过程中，土地流转显得越发重要。当然，我们仍需认识到土地流转在推动农村经济社会发展的同时，也存在诸多不足与问题。对此，在乡村振兴战略实施过程中，认识当前农村土地流转现状，把握农村土地流转过程中存在的问题，在对多方利益博弈分析基础上，研究影响农户土地流转的因素，以及土地流转产生的影响，在此基础上有针对性地解决农村土地流转过程中存在的问题，进而进行农户土地流转的路径优化，成为深入贯彻党的十九大精神，促进农业农村现代化的关键因素，亟待深入探讨和研究。

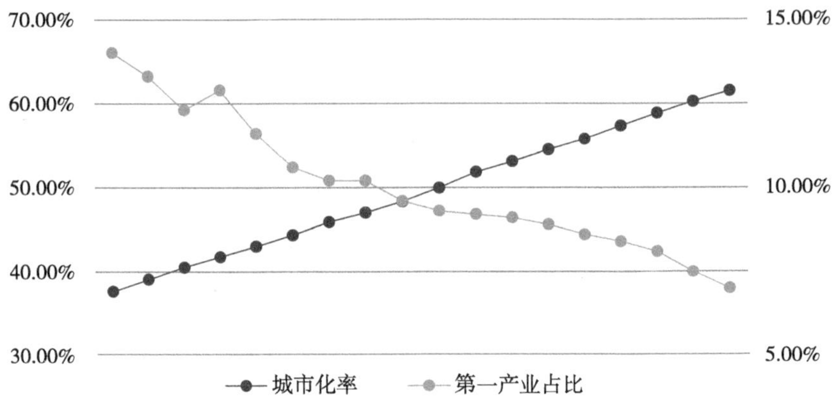

图 1-1 2001—2018 年中国城市化率和三次产业中第一产业占比

注：数据来源为国家统计局，城市化率为笔者计算所得数据，计算方法为：城市化率 = 城镇人口 / 总人口，城市化率和第一产业占比单位均为 %。

“三农”问题一直是中国经济社会改革的核心问题，涉及广大人民群众的切身利益，而农村土地问题，尤其是承包地问题与农村、农民、农业等“三农”问题紧密相关。土地一方面是农民基本生活保障的重要资源载体，另一方面也是农民从事农业生产最重要的生产资料。土地承载着农民维持生存和实现发展的双重功能，这两个功能在不同时期，侧重有所不同。在计划经济时期和改革开放初期，土地更多承载着保障农民基本生存条件的功能，发展和财富功能并不凸显。伴随着近年来我国非农经济的迅速发展以及城市化的加速推进，大量农民开始逐渐部分或完全摆脱农业生产选择进城务工，农村闲置土地的情况随之而来，甚至还有愈演愈烈的趋势。当前，土地承载的维持农民生存的功能正在逐渐弱化。相反，土地所承载的农民实现发展的功能日益突显。农村土地“三权分置”改革是我国当前深化土地制度改革的一项重要举措和政策创新，目的在于维持现有产权制度框架不变的前提下，遵循市场经济的基本原则和现代农业的发展趋势，充分发挥市场在资源配置中的决定性作用，优化资源配置，尝试多种合作经营，实现农业规模经济，加速农业产业化，实现农民增收，最终保障农民对土地等生产资料的财产权和收益权。

2016 年 10 月 23 日，中共中央办公厅、国务院办公厅印发《关于完善农村土地所有权承包权经营权分置办法的意见》，提出“改革开放之初，在农村实行家庭联产承包责任制，将土地所有权和承包经营权分设，所有权归集体，承包经营权归农户，极大地调动了亿万农民积极性，有效解决了温饱问题，农村改革取得重大成果。现阶段深化农村土地制度改革，顺应农民保留土地承包权、流转土地经营权的意愿，将土地承包经营权分为承包权和经营权，实行所有权、承包权、经营权分置并行，着力推进农业现代化，是继家庭联产承包责任制后农村改革又一重大制度创新。”要求“围绕正确处理农民和土地关系这一改革主线，科学界定‘三权’内涵、权利边界及相互关系，逐步建立规范高效的‘三权’运行机制，不断健全归属清晰、权能完整、流转顺畅、保护严格的农村土地产权制度，优化土地资源配置，培育新型经营主体，促进适度规模经营发展，进一步巩固和完善农村基本经营制度，为发展现代农业、增加农民收入、建设社会主义新农村提供坚实保障。”2017 年 9 月，中央全面深化改革领导小组第五次会议审议了《关于引导农村土地承包经营权有序流转发展农业适度规模经营的意见》，强调要促进农业增效和农民增收、鼓励创新农业经营体制机制、让农民成为土地流转和规模经营的积极参与者和真正受益者。自 2013 年初出台的一号文件强调在 5 年内完成健全农村承包经营权登记工作以来，至 2017 年，土地确权工作即将进入发证结束阶段，在对农村农户土地进行确权的过程中，土地确权这一工作对农户的土地流转意愿必然有一定影响。在土地确权背景下，提出农村土地确权颁证，确保农民对土地具有高度的主人翁意识，对促进土地流转，深化农村改革，推进农业现代化进程具有重要的实践意义。

然而，就目前而言，理论界和实务界有关乡村振兴战略下土地流转的有关研究并不多，且理论模型和分析方法也尚未完备，研究的广度和深度还有待加强。目前在国外的各项研究中，“土地流转”这一词汇很少被用到，而土地产权问题、地租理论和土地交易等方面则是国外在土地流转问题上的主要研究方向。而放眼国内的相关研究成果，既有在宏观方面对土地流转问题做深入研究的学者，也有在微观方面的农户角度，从农户个人行为为出发点进行一定研究的学者，但从这些学者的研究内容来看，基本上主要从土地流转的动因、形式和限制因素等方面进行研究。譬如农户土地流转的诱因是什么，有哪些是影响农户土地流转的主要因素，农户土地流转将会产生何种影响效果（或土地流转将产生何种“精准效应”），转包入和转包出土地农户是否存在显著差异，贫困农户土地流转是否存在风险、主要存在哪种风险、风险到底有多大、如何对其进行识别和评估等问题，都亟待思考和解决。

1.2 相关概念的界定

本研究的一个重要概念是农户。2002 年 8 月（2003 年 3 月 1 日起施行）通过的《中华人民共和国农村土地承包法》（以下简称《土地承包法》）第 15 条规定，家庭承包的承包方是本集体经济组织的农户，承包方依法享有承包地使用、收益和土地承包经营权流转的权利。《土地承包法》第 41 条同时规定，承包方有稳定的非农职业或者有稳定的收入来源的，经发包方同意，可以将全部或者部分土地承包经营权转让给其他从事农业生产经营的农户，由该农户同发包方确立新的承包关系，原承包方与发包方在该土地上的承包关系即行终止。但是，土地承包经营权的主体——农户的内涵与外延缺乏立法规定与理论界定，农户与成员之关系更为模糊不清（吴昭军，2016）。吴昭军（2016）同时指出农户在土地承包经营中的主体地位存在以下四点弊端：（1）作为主体的农户具有户籍限制和身份属性，亦无独立法律人格，背离民法主体理论；（2）“农户”难以界定，界限模糊；（3）组成成员与农户分别对土地的权利关系不明；（4）从产权与绩效角度来看，农户的经营模式会导致生产效益低下和细碎化经营，不利于规模化和社会化生产。

农户的概念是与集体经济组织成员概念交织在一起的。《土地承包法》第 5 条规定，农村集体经济组织成员有权依法承包由本集体经济组织发包的农村土地。任何组织和个人不得剥夺和非法限制农村集体经济组织成员承包土地的权利。这样，作为土地承包经营权的主体和承包合同的主体产生了分离，农村集体经济组织成员作为农村土地承包经营权的权利主体，却不是土地承包合同的主体，没有办法作为独立主体签署土地承包合同，承包自身权利范围内的农村土地。另外，关于农户的家庭成员内部土地权利的分配仍然是当前法律法规未涉足的领域。当前，地方实践中多以户籍为根本依据，同时参考生活经济联系等情形，综合认定集体经济组织成员的身份。例如《山东省实施〈中华人民共和国农村土地承包法〉办法》第 7 条规定，符合下列条件之一的人员，经本集体经济组织依法确认，享有农村土地承包经营权：（1）与本村村民结婚且户口迁入本村的；（2）本村村民依法办理收养手续且户口已迁入本村的养子女；（3）其他将户口依法迁入本村，并经本集体经济组织成员的村民会议三分之二以上成员或者三分之二以上村民代表的同意，接纳为本集体经济组织成员的。同时，在第

8条中规定，原户口在本村的下列人员，经本集体经济组织依法确认，享有农村土地承包经营权：（1）解放军、武警部队的现役义务兵和符合国家有关规定的士官；（2）高等学校、中等职业学校的在校学生；（3）服刑以及刑满释放的人员。《安徽省实施〈中华人民共和国农村土地承包法〉办法》采取了类似的处理，譬如第8条规定，符合下列条件之一的本村人员，为本集体经济组织成员：（1）本村出生且户口未迁出的；（2）与本村村民结婚且户口迁入本村的；（3）本村村民依法办理子女收养手续且其所收养子女户口已迁入本村的；（4）刑满释放后户口迁回本村的；（5）其他将户口依法迁入本村的。第10条同时规定，统一组织家庭承包时，原户口在本村的下列人员，依法享有农村土地承包经营权：（1）解放军、武警部队的现役义务兵和符合国家有关规定的士官；（2）高等院校、中等专业学校在校学生；（3）正在服刑的人员。

本研究所称的农户，指居住在一个住宅内，或与本住户分享生活开支或收入的所有人员。包括常住人口和非常住人口；还包括：由本住户供养的在外学生，未分家的外出从业人员和随迁家属，轮流居住的老人，临时外出的人员，以及其他长期居住在一起并共享收支的人。对于具有事实婚姻关系的同居者，应算入住户成员。

本研究的另外一个重要概念是土地流转，在2014年土地“三权分置”改革以前，出现在中央文件中的相关概念主要是“土地集中”“土地承包经营权流转”“土地使用权流转”。1984年1月1日下发的中央一号文件《中共中央关于一九八四年农村工作的通知》强调提出“鼓励土地逐步向种田能手集中”，“社员在承包期内，因无力耕种或转营他业而要求不包或少包土地的，可以将土地交给集体统一安排，也可以经集体同意，由社员自找对象协商转包，但不能擅自改变向集体承包合同的内容。转包条件可以根据当地情况，由双方商定。”但同时强调了“自留地、承包地均不准买卖，不准出租，不准转作宅基地和其他非农业用地。”1993 年 11 月 5 日，中央公布《中共中央、国务院关于当前农业和农村经济发展的若干政策措施》指出“在坚持土地集体所有和不改变土地用途的前提下，经发包方同意，允许土地的使用权依法有偿转让”。2002 年《土地承包法》第 16 条第 1 项规定承包方依法享有承包地使用、收益和土地承包经营权流转的权利，有权自主组织生产经营和处置产品。2014 年 11 月，中共中央办公厅、国务院办公厅印发《关于引导农村土地经营权有序流转发展农业适度规模经营的意见》正式确立了农村土地“三权分置”政策，鼓励农村土地经营权流转，发展农业适度规模经营。本研究所称“土地流转”是指土地经营权流转，具体包括承包农户依法采取转包、出租、互换、转让及入股等方式流转承包地。

1.3 研究内容

第 1 章为前言部分，主要包括问题的引出、相关概念的界定、研究主要内容、研究思路、方法以及研究意义和可能的创新。

第 2 章从农户土地流转的动因、现状、影响因素、绩效分析、风险分析、对策建议等方面系统梳理了相关文献，发现目前国内外学者关于农村农地流转的理论和实证研究已经比较丰富，但针对贫困农户农地流转的研究较为缺乏，其理论模型和分析方法也尚未完备，研究的广度和深度还有待加强。已有关于为什么农村地区出现农地流转问题，并不一定完全适用于农村贫困农户，且中国农村地区存在明显的差异性。因此，需要结合我国贫困农户和农地流转市场的现实情况，在已有理论的基础上，具体问题具体分析，构建更具有深度和解释力的贫困农户农地流转理论。

第 3 章从生产力和区位因素两个方面系统梳理了我国土地流转的阶段性特征，认为土地流转的发展历程，实际上就是在公平和效率两个目标间权衡抉择的过程。在生产力导致的阶段性特征中，系统梳理了前工业时代、工业时代和后工业时代的土地流转特征。前工业时代的土地流转，是政治性的而非经济性的，是由计划支配的而非市场调控的，是更加注重公平而非效率的。工业时代的土地流转经历了互助组出现到人民公社、家庭联产承包责任制两个阶段。互助组出现到人民公社阶段目标更加注重提升工业化建设的效率，其发展是由行政力量干预而非经济利益引导的。家庭联产承包责任制阶段则是首次自下而上发起的土地流转，更注重提升粮食生产的效率，流转的是土地经营权，并且以制度的形式对农民权利的保障进行了背书。后工业化时期，从优化资源、提高生产效率的角度分析，经营权集中化和农业产业化属于不可逆转的发展趋势。

第 4 章聚焦农村土地流转现状及存在的问题。调研团队在 2016—2018 年度三年间走访了山东省十多个地级市及县级市，针对政府、农业合作社、农业公司、农户等多方主体展开调研。调研发现，山东省农户土地流转率相对较低，且缺乏有效的中介机构帮助农户进行土地流转，对目前土地流转现状不满意的农户不在少数。同时，存在土地流转过程不太规范、土地流转难以集中成片、农业公司融资比较困难、土地流转缺乏合理的风险保障体系、土地流转方式创新力度不够等问题。

第 5 章首先讨论了农户土地流转影响因素，发现户主年龄、上年家庭中是否有成员参与农业培训、上年家庭生产性固定资产原值、上年农户是否在亲友之间发生流转行为、农户所在村是否位于平原对农户土地流转均有正向影响，而户主受教育水平、上年是否有成员参与非农培训、上年是否参与养老保险、上年非农收入所占比重、上年家庭拥有劳动力、上年家庭成员外出务工时间、上年是否受到信贷约束、上年礼金支出总额对农户土地流转则是负向影响。其次，本章还考察了土地确权对农户土地流转的影响。最后一部分单独讨论了贫困农户土地流转的影响因素。

第 6 章是进行的农户土地流转影响效果分析，主要从农户的总收入、生活消费支出、农业生产经营投资三个方面分析土地流转产生的影响。研究发现，土地流转对农户福利水平有显著的影响，转包入土地促使全体样本农户的总收入、农业生产经营投资显著性增加，但对全体样本农户的生活消费支出的影响为负。转包出土地使得全体样本农户的总收入、生活消费支出和农业生产经营投资显著性增加，占全体样本农户总收入均值、生活消费支出均值和农业生产经营投资均值的比重分别为 7.63%、9.51% 和 14.62%。同时，通过比较转包入土地和转包出土地分别对全体样本农户福利水平的影响效应可以发现，转包入土地对农户总收入、生活消费支出和农业生产经营投资的影响程度小于转包出土地。由此得出结论，转包出土地可以显著提高农户的总收入，进而提高农户的生活水平。

第 7 章是对农户土地流转风险识别与评估，认为农户土地流转存在生态风险、市场风险、契约风险、分化风险、政治风险、制度风险等，并使用层次分析法（AHP）将风险因素进行优先排序：市场风险、契约风险、政治风险、生态风险、制度风险、分化风险。

第 8 章是为第 9 章土地流转路径优化与未来展望做铺垫，主要分析了土地流转中各利益相关方的利益诉求，并在此基础上简单进行了土地转出农户与土地转入企业之间的博弈分析。

第 9 章是政策建议部分，从农民方面、农村方面、农业企业方面、政府方面给出了政策建议，并且给出了多方利益博弈下的土地流转优化路径。

1.4 研究思路及方法

1.4.1 研究思路

以“乡村振兴战略背景下农户土地流转问题研究”为主线，系统梳理农户土地流转方面的学术文献和政策文件，得出国内外研究现状和土地流转阶段性特征，在实地调查研究基础上分析农户土地流转的影响因素和农户土地流转的绩效评价，并在识别和评估农户土地流转风险基础上给出相关的政策建议，最后进行土地流转博弈分析，给出多方利益博弈下土地流转优化路径。具体思路见图 1-2。

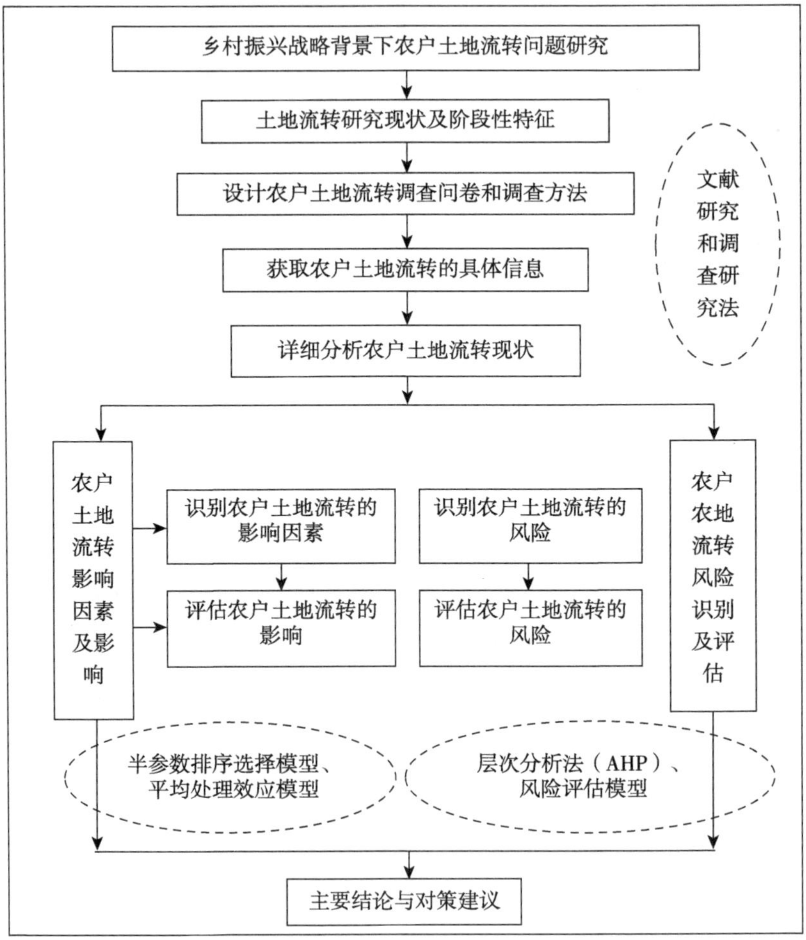

图 1-2 技术路线图

1.4.2 研究方法

（1）文献搜集法

调研前期在知网、WOS等专业网站上查找、搜集与课题背景、相关政策和计划研究及调研地区的土地流转情况有关的文献及数据。一方面进行初步的文献整理及综述工作，奠定研究的文献和资料基础；另一方面，进行初步的政策文件、典型事实案例的整理及归纳工作，了解土地“三权分置”改革、土地流转的相关政策法规及优秀做法，奠定研究的政策和案例基础。

（2）实地调研法

团队成员在2018年前往曲阜市、滨州市、淄博市、德州市等多个地区进行实地调研，并且对2016—2017年调研的济阳县、商河县、崂山区等进行回访，通过对农户、农业企业和村委会进行询问、采访等方式获得了真实的数据资料。在实地调研阶段，对采访过程进行录音、拍照、摄像，并对实地调研过程中得到的资料进行有效保存，以便于后期的数据整合。

（3）问卷调查研究法

调研之前，设计了关于农户个人特征、家庭特征、土地流转等相关问题的问卷。设计问卷后进行了预调研，进一步优化调整问卷。最后，使用优化调整后问卷，对地方政府相关行政部门工作人员、基层村委会干部及抽样农户分别进行问卷调查，取得了详尽真实的数据。

（4）统计分析法

对问卷调查到的数据和相关文献数据资料进行整合统计，制成图表后讨论分析，得出实际土地流转现状及问题，并对现有的土地流转政策不同模式和流转路径进行比较。从数据及模型分析得出结论，并寻求最优路径。

（5）综合研究法

运用统计学、经济学、社会学等多领域理论知识进行研究分析，将理论同实践相结合、定性分析和定量分析相结合、横向分析和纵向分析相结合，运用多种方式进行综合性研究。

（6）博弈分析方法

梳理土地流转利益相关方，分析利益博弈各方博弈动机，在对流出农户、流入企业之间利益博弈，流出农户、政府监管部门之间利益博弈等基础上，通过探寻策略选择和博弈均衡结果总结意义，提出合理利益分配的方案及具体保障措施。

1.5 研究意义及可能的创新

1.5.1 研究意义

本课题以乡村振兴为研究背景，结合山东省农村土地流转市场，对于土地确权完成之际土地流转的现状进行统计描述，对土地流转中存在的问题进行定性把握，然后在对多方利益博弈分析基础上，定量分析影响农户土地流转的因素，进一步调研土地确权后农民的收益变化及土地流转率的变化，观察土地流转带给农村的变化，对农村土地流转下一步发展进行设想与分析，最后总结出可优化的解决路径。

（1）理论意义

目前还缺少土地确权完成后对土地流转进一步规划的理论模型和研究机制，本课题的研究不仅完善了土地流转的理论体系，而且也为后续实践奠定了理论基础。此外，本课题在土地确权的时间节点上对土地流转模式进行分析，并结合前三年调研成果，拓展深化了土地流转的研究视野和研究层次。

（2）实践意义

从国家层面上讲，本课题侧重于进行对多方利益共同体的博弈分析，既能为政府更好地统筹各方利益，维持土地流转市场体系下各方杠杆平衡，促进社会主义市场体系的发展，进而推动第一个百年目标的实现，同时也能发展具体实践，提高农业生产效率，带动国家经济水平的提高，推动农业现代化目标的实现。

从农户层面上讲，土地流转对于农民的切身利益至关重要，完善土地流转政策和土地流转市场不仅有利于提高农民收入，缩减贫困人口，增强农民的幸福感和获得感，还有利于培育新型农业生产经营主体，提高农民的科学文化修养，提高其市场竞争力。在实际中，农民在土地流转中处于弱势方，缺少议价权，加之土地流转合同的不规范，使得农民审慎地进行土地流转。因而通过博弈分析找出土地流转的优化路径对解决该问题有重要意义和价值。

从村委层面上讲，我国农村集体土地使用权归村委会所有，通过对本课题的研究，在实践中逐渐规范村干部行为，减少村委会从土地流转过程中克扣农民利益、过度干预农民进行土地流转等现象，以此提高村委会的工作效率，这样能够提高村委会权威，而且对于国家探索基层群众性自治组织也有重要意义。

从流入企业层面上讲，土地流转为企业带来了更多机遇，通过土地流转使得流转来的土地规模化，有利于企业扩大自身生产规模，获得规模性收益。同时也能降低土地使用成本和土地交易成本，进一步增加自身的收益，借助增加的收益购买机械和化肥更能提高企业整体实力和全国乃至全世界的竞争力。

1.5.2 可能的创新

（1）课题创新

本课题在三年调研成果积累的基础上联系当下新的土地政策，以国外及其他省份的经验为借鉴，结合山东省的实际情况，通过实地调研深入真实地了解到农户进行土地流转的真实情况及存在问题，时代特征鲜明，研究深入基层，以农户利益为福祉，具有较强的借鉴意义和指导意义。

（2）研究方法创新

研究本课题不局限于之前的研究方法，创新性地运用博弈模型将农户、企业、政府三者的利益纳入一个体系进行研究分析，研究方法更加严谨；同时，运用大样本数据，进一步分析土地确权后土地流转模式及成效，弥补以往研究的不足。

（3）理论创新

在理论视角上，本课题更侧重于三年调研的对比分析，从博弈分析以及山东省土地流转现状的角度，结合了多个利益主体，创新了原有理论。

（4）实践创新

以不同的地理位置、经济总量、扶贫政策为标准选取调研城市，并对以往调研城市进行进一步回访，实践的广度和宽度进一步增加。

（5）领域创新

2018 年是土地确权的收官之年，该领域目前并无相关的理论成果，因此本报告填补了土地确权后土地流转现状分析等相关领域的理论空白，并在此基础上，结合三年成果，进行了深入研究。

第 2 章　国内外相关研究现状及评述

制度可以通过降低交易费用（Schultz，1968）、稳定预期（Alchian and Demsetz，1972）、减少不确定性（North，1991）等功能促进经济发展已经得到经济学家的证实（Acemoglu et al.，2001）。蔡昉（2017）认为认识改革促进经济增长效果的一个重要视角，是观察改革如何通过改善激励机制、矫正价格信号和拆除体制障碍，促进生产要素的重新配置，从增量和存量两个方面提高资源配置效率。我国农村土地制度改革变迁可以分为土地要素和劳动力要素的优化配置、土地功能拓展与价值显化两条主线（张梦琳和陈利根，2008；朱新华等，2009；毕国华等，2018；Yu et al.，2019）。伴随着我国农村农地承包制度的不断健全和完善，以及一系列农村农地流转改革和政策措施的逐步落实，农地流转的作用逐步被人们所认识（刘燕屏，2015），且大量的经验事实表明，农地流转市场之于农户乃至整个国民经济发展异常重要。完善高效的农地流转市场不仅是解决农村农地利用细碎化、闲置化及其撂荒化等现象的有效途径，而且对于优化农地资源配置，提高农地利用效率，促进农业生产率增长和农户福利水平提升同样具有重要作用（Benjamin and Brandt，2000；钱文荣，2002；叶剑平等，2006；Feng and Heerink，2008；闫小欢和霍学喜，2013；李成友等，2014；陈飞和翟伟娟，2015）。也有少部分学者得出相反的结论，如 Bellemare（2013）通过实证研究认为正式的土地所有权对生产率没有影响；姚洋（1998）通过对江西、浙江两省 5 县 449 户农户的计量研究认为，虽然对土地使用权的限制可以迫使农民保持对土地的劳动投入，提高土地的产出率，但是这种提高是以牺牲农民的其他收入来源为代价的。

本章系统梳理与土地流转相关的文献并进行评述，为课题研究的理论分析和定量分析部分奠定文献基础。以“土地流转”为关键词搜索知网文献发现，研究我国农村土地流转问题的文献比较多（见图 2-1）。其中，发文数量较多年份为 2015 年、2016 年，跟国家政策出台时间相吻合。主要关键词集中在流转现状描述及对策、土地承包经营权、土地流转机制、土地流转市场、家庭农场等方面，相关文献主要围绕土地流转现状分析、动因分析、影响因素分析、经验总结、绩效评价等方面展开论述。根据研究主旨及文献检索结果，本课题主要从以下几个方面展开对现有研究成果的述评：首先，分析农户土地流转背后的动机以及土地流转市场产生的愿意，在此基础上分析当前我国农户土地流转现状及存在的问题。其次，总结关于农户土地流转的影响因素及土地流转本身的经济效应。最后，再总结农户土地流转的风险研究和解决农户土地流转的对策措施。

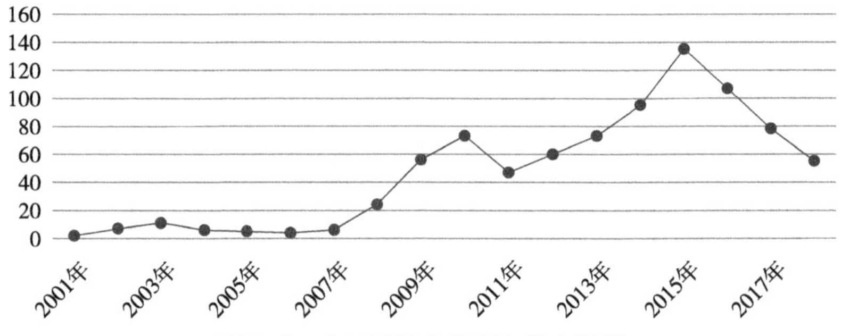

图 2-1　土地流转文献历年发文数量

注：数据来源为知网，单位：篇。

2.1 关于农户土地流转的动因

2.1.1 非农就业机会增加

很多研究者利用村级调查数据实证研究发现：非农就业机会的增加是

农地流转市场发展的主要驱动力（姚洋，1999；陈飞和翟伟娟，2015）。转移出劳动力的农户，有的无力耕种，有的因非农收入已成为家庭经济的主要来源而不愿耕种土地，土地对农民生产和收入的作用减弱，从而增加了农地流转市场的供给。但是，由于受非农就业机会的限制，大部分农户不得不依靠农业、特别是土地来维持生存和寻求发展，这又从需求方面为土地流转奠定了基础（Deininger and Jin，2009；李成友等，2014）。James（2002）通过农户调查数据实证研究发现：移民非农就业增加了农户转出土地的可能性，但对农户土地转入的需求有明显的负面影响。Rudel（2006）分析认为农户非农就业将影响留守劳动力的生产能力与生产方式，对农村农地流转行为产生重要影响。陈秧分等（2010）分析得出非农就业改变家庭要素禀赋结构与劳动力相对报酬，进而影响农地租赁行为。罗明忠和刘恺（2015）调研发现农村劳动力转移就业能力中的职业价值、职业行为、交际技能、工作技能、社会资本广度以及社会资本深度对农地流转行为具有显著正向作用，而职业情感对农地流转具有显著负向作用。

2.1.2 国家法律和政策

国家现行的法律法规及政策制度也是促进农村土地流转的重要驱动力。比如，1998 年修订的《土地管理法》、2003 年正式实施的《农村土地承包法》都强调了农村土地承包关系的稳定，并对土地调整做了严格的限定。姚洋（2000）通过研究引致中国农村地权稳定性变化的因素，发现土地租赁市场的发展与借贷市场、劳动力市场等其他要素市场相联系，就政策制定而言，一个好的政策并不是给全国施加一个预定的土地制度，而是提供恰当的行政和信贷体制以促进活跃的土地租赁市场的发展；同时建议政府应该有一个明确的指导方针，为土地租赁活动提供充足的法律依据。田传浩和贾生华（2004）通过对江苏、浙江、山东等地区开展的农村土地流转的调研分析，认为当地农户对农村土地产权政策稳定性的预期越高，则租入农村土地的可能性越大，租入农村土地的面积也越大；反之，则相反。Deininger and Jin（2009）认为以农地产权制度为核心的农地流转改革，可以降低农地流转的交易成本，促进农地流转。鲁丽翡（2015）指出当前山东省农业补贴力度偏低，农业补贴政策对农户的土地流转意愿影响不大。

2.1.3 其他主要驱动力

杨德才等（2005）从经济学角度分析了农地流转的驱动力：土地承包者在土地生产经营机会成本高、比较收益低、经营风险高的情况下会将土地使用权流转出去；而采用了新的生产技术和拥有较高经营能力的农户因经营土地具有较高的土地边际产出则会承租其他农户的土地使用权（Deininger et al. 2008）。吴郁玲等（2006）认为农村土地使用权流转的内在动力是农户分散经营和规模化经营之间的效益差异及从事农业生产和从事非农业产业的收入差异；同时认为土地流转制度的形成是一种诱致性制度变迁的结果。Otsuka（2007）指出促进乌干达农村土地租赁市场发展的主要动力是农户受教育水平的差异以及拥有土地面积的大小。李凤琴（2007）从供给和需求的角度对农村土地流转的驱动力进行了分析，认为耕地、农村劳动力分布不均、土地资源配置效率低，使得地少劳动力富足的农户因经营规模小、效益差，成为土地流转的需求者；而地多人少的承包户土地生产效率低，成为流转土地的供给者。钟涨宝等（2009）基于对浙江和湖北 230 户农户的问卷调查，认为部分农户自愿流转所承包土地的使用权的原因是农业生产收益较低，大部分农村劳动力转向能够获得更高收入的二、三产业。李成友等（2014）认为农户受教育水平的不断增加，受到信贷约束的大小等是驱动农村农户农地流转的主要原因。

2.2 关于农户土地流转的现状

2.2.1 国内农户土地流转

原农业部农村合作经济研究课题组（1993）调研发现 1992 年全国有 473.3 万户承包农户转包或转让农村土地 1161 万亩，分别占承包土地农户总数的 2.3% 和承包土地总面积的 2.9%。张红宇（2002）通过大量数据观察发现，20 世纪 90 年代中期以前农村土地流转的发生率一直偏低。赵其卓和唐忠（2008）指出，2006 年绵竹市参与流转的农地 19133 亩，占农地总数的 2.4%，且农地流转交易中书面合同占很大比例。李庆海等（2011）在其文中指出，2009 年全国十省份中参与土地租赁的农户占所有农户的比重已达到 25.3%，土地租赁市场得到了较快发展。李继红（2015）通过调研发现，湘西州农村土地流转规模不断增加，土地流转速度明显提高，到 2012 年底全州农村家庭承包耕地流转面积 19.57 万亩，占总承包耕地面积的 10.08%。

2.2.2 国外农村土地交易

Vikas（2001）对印度独立后实行土地改革以来的农村土地交易状况进行了研究，20 世纪 70 年代印度政府实行了土地改革，使得没有土地和土地较少的农户可以通过土地分配、佃农登记、土地交易三种渠道得到土地。相比较而言，印度的土地交易远不比土地租赁活跃，大约有 20% 的印度农户是通过佃农登记而获得土地。Wegeren（2003）对俄罗斯 20 世纪 90 年代实行土地私有化以来的农村土地交易状况进行了实证分析，俄罗斯在实行土地私有化以后，农村土地交易市场迅速发展，农村土地交易异常活跃。1995 年俄罗斯约有 25% 的农户进行了农村土地交易。1998 年至 2000 年，各种各样的私人土地交易增长 25 %，而在所有的私人土地交易中农村土地交易所占比重较大，例如2000年农村土地交易占所有私人土地交易42%。Joshua et al.（2004）以斯洛伐克为例对中东欧国家自20世纪90年代普遍推行农村土地私有化改革以来的农村土地交易状况进行了分析，中东欧国家尽管实行了土地私有化，但是政府仍然保留了对土地交易的一定干预权。农村土地交易并不活跃，难以实现有效地集中经营。例如斯洛伐克是东欧国家中农村土地交易率最低的国家，1997年农村土地租赁仅11%。

2.3 关于农户土地流转的影响因素

2.3.1 宏观层面

（1）土地产权制度安排。土地产权是一个权利束，包括土地所有权、使用权、租赁权、抵押权、继承权、地役权等。土地调整以及土地产权受到的限制较多会导致农户缺乏稳定的地权（Jinet al.，2009；Ito et al.，2016），而地权的稳定性越低，对土地所有者进行长期投资的激励越弱，从而阻碍农村土地流转（科斯等，1991）。Bogaerts et al.（2002）对中欧地区国家农村土地交易研究发现不恰当的国家法律将导致农村土地交易费用的增加，进而阻碍土地流转。Joshua et al.（2004）以斯洛伐克为例对中东欧国家农村土地流转进行研究，发现农村土地私有化改革导致大量土地细碎化，广泛分配的高度细碎化和低效价值土地产权带来大量的农村土地交易费用，不利于土地交易的进行。在我国，农村土地属于集体所有，而“集体”概念的抽象性导致土地所有权主体不明确，且与土地相关的法律法规对农村土地多项权能归属的规定尚不明确，极大地削弱了农户地权的稳定性。钱忠好（2003）指出我国地权残缺降低土地承包权交易价格，使农户土地投资积极性受挫。为促进土地流转市场的发育，20世纪80年代中期以来，中央政府通过一系列新农村土地政策，鼓励和激活农村土地承包经营权的市场流转（田传浩和贾生华，2004；何国俊和徐冲，2007；李尚蒲和郑茱馨，2012；马贤磊等，2015）。

（2）惠农政策。孙海兵和张安录（2006）认为政府农业税费减免与粮食直接补贴等政策的推动在短期内对农户农村土地流转行为没有显著影响。然而，Ciaian and Kancs（2010）通过对欧盟 11 个国家和 18 个区域的研究发现，政府对农业支持是土地交易市场化最重要的影响因素。陈仲常等（2014）以重庆农户农村土地流转作为个案，发现政府对转出土地的亩均补贴数额越多，农户土地转出意愿越强。值得强调的是，罗必良等（2012）基于广东省的分析表明，政府扶农政策与土地流转政策的目标冲突，抑制了农户土地承包经营权退出的意愿倾向。

（3）农村保障组合。姚洋（2000）认为农村社会保障的缺失，使以均分土地为特征的平均主义农村土地制度在为农村人口提供社会保障方面，成为现金型社会保障的一种有效替代。侯石安（2012）指出农村土地的社会保障功能与农村土地流转的增收效应存在替代关系，对于初始禀赋处于劣势的农户，农村土地的社会保障功能更加显著。也有研究指出，目前我国农村社会保障对农户土地流转意愿的影响已接近最优水平（何国俊等，2007；许恒周等，2011；赵光，2012；沈建新，2015；Wang et al.，2015）。

2.3.2 中观层面

（1）劳动力市场发育。许多学者研究发现劳动力市场发育推动了农村市场化和劳动力转移，对农村土地流转产生深刻影响（James，2002；李成友等，2014；Forbord et al.，2014）。许恒周（2011）实证分析农村劳动力市场发育对农村土地流转影响，发现工资自主决定程度、就业流动自由度对农村土地转出率的影响较大。然而，大量青壮年劳动力转移，使农业劳动力老龄化和女性化，这一趋势在一定程度上也抑制了农户间的土地流转（江淑斌等，2014）。

（2）交易费用。农户在土地交易市场中仍然处于信息弱势，如何让农户及时获得土地需求方的相关信息，将在很大程度上影响农户交易土地的意愿（LevIston et al.，2011）。Bellemare（2012）认为农户拥有农村土地承包合同可以增加农户农村土地产权的安全性，从而增加农户转入农村土地的意愿。尹希果等（2012）发现农户参与土地流转的交易行为受政府一次性土地补贴、单位土地租金和收回租金可能性等诸多交易成本要素的影响。同时，农户作为市场中的弱势群体，付出的交易费用更多，会减少土地市场上的供给，从而阻碍土地交易（Needham，2004），而农户对交易费用认知程度越高，越不倾向于转出土地（罗必良等，2012；Bert et al.，2015）。

（3）基础设施建设。在土地流转过程中，政府对土地流转市场中的基础设施建设对土地流转具有重要影响（诸培新等，2011）。农村土地交易不能实现或许并不是因为市场缺乏有效需求与供给，而是由于政府及中介组织的低效率导致交易费用增大，进而影响农村土地交易（Lerman，2007）。因此，政府完善其在土地流转市场中的职能，可以帮助农民更多了解土地流转，解决土地流转中的政策疑问、合同制定、中介服务、手续办理、法律纠纷等实际困难，进而对农户土地流转起到促进作用（栗谨超，2012；Ito et al.，2016）。

2.3.3 微观层面

（1）农户个体禀赋。农民个体禀赋包括年龄、性别、受教育程度、婚姻状况、所处行业、收入水平、就业年限、非农就业区位和心理认知等因素（李成友等，2014；陈飞和翟伟娟，2015）。农民的年龄、婚姻状况等因素对其土地转出参与意愿有负向影响，农民的文化程度等对其土地转出意愿有正向影响（陈仲常等，2014）。外出打工者的文化程度越高、年龄越低、从事行业越稳定、打工经济收入越高，则其承包耕地流转的意愿越强（陈美球等，2011）。非农就业的距离越远，农户流转土地意愿也相对越强（张献和郭庆海，2012）。翟研宁和梁丹辉（2013）则认为，农民阶层分化程度加大导致农民对土地感情的分化，使得土地情结对转出土地的影响已不明显。

（2）农户家庭禀赋。农户家庭禀赋包括家庭非农就业人口数量、家庭劳动力平均年龄、家庭抚养比例、家庭农村土地平均地块面积、户主年龄、户主文化程度、健康风险冲击、非农收入、农户农业收入、家庭支出、家庭生命周期（家庭类型）等因素（杨佳等，2009；Feng et al.，2010；洪名勇和关海霞，2012；冷智花等，2015）。金松青和 Deininger（2004）的实证研究表明，农业生产能力较低以及非农业资产比重较高的农户转出土地的可能性较大；而农业生产能力较强以及农业资产比重较高的农户则租入农村土地的可能性更大。王止环（2012）分析认为农村土地流转是在中国特定的人力资源和土地资源条件下，农户的不同理性行为决策驱动的结果。李琴等（2015）研究得出农地禀赋与土地流转决策之间存在非线性的关系，当家庭农地禀赋较低时，随着农地的增加，农户转出农地的概率增加；当家庭农地禀赋较高时，随着农地的增加，农户转出农地的概率下降。

2.3.4 识别农户土地流转影响因素的计量模型

通过归纳既有文献发现，对农户农地流转影响因素进行识别的方法主要有三种：一是建立单方程模型，运用 OLS 进行估计的识别法（Deininger and Jin，2005）；二是构建 3 个方程组成的转换回归模型，运用全信息极大似然估计法进行估计的识别法（Carter and Yao，2002；Bellemare and Barrett，2006）；三是构建面板双变量 Probit 模型，利用随机效应下可处理个体异质性的改进型极大似然估计法对进行估计的识别法（李庆海等，2011）。但该三种识别法都不同程度上存在着缺陷，第一种识别法的不足之处在于未能解决农户农地流转的内生性影响。第二种识别法的缺陷在于其虽然认识到了农户农地流转的内生性特征，但模型仍然存在着显著的误设问题。第三种识别法对内生性因素和遗漏问题进行了处理，但其对个体“异质性”的假设十分的严格，导致估计结果偏差较大。因此，若要对农户农地流转影响因素进行无偏识别，则需要对现有识别法进行优化或者选取新的识别法。

2.4 关于农户土地流转的绩效分析

2.4.1 针对土地资源配置效率的研究

（1）关于土地配置效率测度方面。早期文献在测度土地利用效率时，一般使用地均投入 – 产出数据，通过地均投入强度、土地利用强度、地均经济效益、地均生态效益构建综合评价指标测度土地利用效率（陈江龙等 2004；吴郁玲等，2009；任家强等，2010；孙宇杰和陈志刚，2012；Wang et al.，2012；曲衍波等，2014；范胜龙等，2017）。在指标权重确定上采用（全局）主成分法、变异系数法、熵权法、德尔菲法和层次分析法（王梅和曲福田，2004；彭建超等，2008；陈曦炜和宋伟，2009；姚成胜等，2016）。全要素效率能够避免多指标评价中土地作为单一要素投入造成的效率高估问题，得到越来越多的应用（Hsieh and Klenow，2007；刘玉海和武鹏，2011）。根据是否需要设置前沿成本函数的参数，全要素效率的测算分为非参数法（DEA）和参数法（SFA）两类。参数法以具体函数形式分为基于 C-D 函数和超越对数函数的 SFA 方法；非参数法按照投入导向、产出导向，规模报酬不变、规模报酬可变，径向非径向又分为 CCR-DEA、BCC-DEA、SBM-DEA、超效率 DEA 等（Charnes et al，1978；Andersen and Petersen，1993；Tone，2001）。

（2）关于土地配置效率影响因素方面。早在 1975 年，世界银行在《农村土地改革政策文件》中指出，保持 25 年不变的三个指导原则之一便是：通过市场运作使土地流转到更有效的经营者手中（Wang et al.，2015）。Lohmar et al.（2001）研究发现，由于参与农地租入市场农户的土地边际产出要高于没有参与租入市场的农户，通过市场交易的作用可以提高土地配置效率和总的农业产出。Vranken and Swinnen（2005）建立计量模型分析转型国家的土地租赁市场情况，他们发现土地租赁市场在提高农业生产效率方面发挥着重要作用。贺振华（2006）在其文章指出，当不存在一个完善的土地流转市场时，土地调整在某些情况下能够改善土地资源配置效率（李庆海等，2011；李成友等，2014）。Jin and Deininger（2009）根据 2001—2004 年间我国 8000 个样本农户的微观调研数据，研究发现农地租赁市场可以将更多的闲置土地利用起来从而使得社会总的农业产出得到增加。Feng et al.（2010）发现租入土地的农户往往具有较高的生产效率，土地租赁市场的发展对改善资源配置效率和提高农业生产效率具有非常重要的意义。戚焦耳等（2015）采用江苏省的实地调研数据，运用 DEA-Tobit 模型两步法分析得出流转户（包括转出和转入）整体比无流转户效率高，转出土地和转入土地都有利于生产效率提高，且转入对生产效率的影响要比转出对生产效率的影响提高更为显著。

2.4.2 针对土地流转效果的实证研究

Besley（2003）利用多元线性回归方法对加纳两个地区的数据进行分析，结果表明：为了长时期缓解贫困，完善土地产权与鼓励土地转让是较为有效的办法。Jin and Deininger（2009）同样根据2001—2004年间我国8000个样本农户的微观调研数据，研究发现农地流转能够有效地提高农户的家庭收入。薛凤蕊等人（2011）基于DID模型分析了土地流转对农户收益的效果，研究得出内蒙古鄂尔多斯市参与土地流转的农户要比不参与土地流转的农户人均纯收入高，转包出土地收入和土地流转后的务工收入对农户人均纯收入的贡献率达到75%左右。李庆海等（2011）采用2003—2009年817个样本农户微观调研面板数据，研究得出租入土地使农户的纯收入和年末可支配金融资产余额分别增加了6.79%和7.11%；租出土地使农户的纯收入、消费支出和年末可支配金融资产余额分别增加了8.03%、11.08%和12.73%。冒佩华和徐骥（2015）借助2000年和2012年的农户家庭微观调研数据，分析得出土地流转能显著提高农户家庭的收入水平。陈飞和翟伟娟（2015）研究发现租入和租出土地均有利于提升农户收入水平并减低贫困发生率，但福利效应在不同家庭组之间具有显著差异。

2.4.3 针对土地绩效评价指标体系的研究

虽然现有文献对土地流转效果的研究较多，但是构建系统的评价指标对农村土地流转进行较为系统的研究还较少。钱忠好（2003）在构建农户农地承包经营权市场流转理论决策模型的基础上，将土地产品价格、非生产性收益、生产性成本、非生产性成本、土地使用成本、土地交易成本、现有土地经营规模等因素作为考量指标来分析对农地流转供求的影响。岳意定和刘莉君（2010）提出的网络层次分析法，从经济和社会两个维度入手，来构建农村土地流转绩效评价指标体系，共建立经济绩效评价指标 11 项，社会绩效评价指标 5 项，从不同角度全方位地考核农村土地流转绩效。李玉龙等（2015）构建了一个由土地流转市场建设、保障机制与制度、非农就业驱动以及农业技术发展四个子目标组成的区域农村土地流转成熟度评价指标体系。

2.4.4 农户农地流转影响的计量模型

通过归纳既有文献发现，对农户农地流转影响的计量方法主要有三种：一是运用多元回归方程，采用最小二乘法进行估计（Besley，1995；Jin and Deininger，2009）；二是构建 Probit 模型 /Tobit 模型等进行估计（Feng et al.，2010；戚焦耳等，2015）；三是运用 DID 模型 / 平均处理效应模型等进行估计（薛凤蕊等人，2011；陈飞和翟伟娟，2015）。但三种识别法都存在不同程度的缺陷，第一种方法不足之处在于没有很好地解决自选择性问题，并且采用最小二乘法容易高估处理效应。第二种方法也存在与第一种方法相同的缺陷，而第三种识别法，虽然能够有效解决样本自选择性问题，得到一致的估计量，但是，当解释变量并不是二元时，此时现有的处理效应模型便不再适用，因此，若要更好地估计农地流转的影响，需要引入新的模型或方法。

2.5 关于农户土地流转的风险分析

2.5.1 农地流转的风险成因

风险的成因是对农地流转风险表象的更深刻认识。姜晓萍与衡霞（2011）运用经济学分析工具分析农地流转风险的形成机理，认为有限理性、非合作博弈的失败、交易费用高昂和地方政府行为悖论是导致农地流转风险的原因（Forbord et al.，2014）。吴冠岑等（2013）相应地分析了农地旅游化流转的风险机理，认为违法用地、农地非粮化、外来资本进入和恶性竞争、政策不合理、不可持续的土地利用是主要风险源，它们影响了土地的社会、经济、生态子系统。常伟和李梦（2015）研究发现农地大规模流转中的风险成因主要缘于公共财政资源损失、政府公信力下降、管理不善等几个方面。

2.5.2 农地流转的潜在风险

风险的表现是对农地流转风险研究最直观的认识。林旭（2009）认为农地流转风险主要是农民失业，失地，失去保障的风险、影响粮食安全的风险、加剧农村两极分化的风险、产权主体权益受损的风险和政治风险。胡惠英和刘啸山（2012）认为农地流转风险包括农耕地被改变性质的风险、农民失地风险、农业龙头企业面临的自然灾害风险和社会安全风险，这与朱新方（2009）的观点近似一致，但后者还提到了资本和权力勾结产生大量腐败行为的风险。李中和洪必纲（2012）则具体分析我国中西部地区的农地流转，认为主要的风险是经济风险、社会风险、主粮保障风险、文化风险、教育风险。贺雪峰（2014）认为，规模农业排斥劳动是严重的社会问题，并存在引发社会动荡的可能。李毅等（2014）基于复合生态系统的视角提出，我国农地流转的风险主要可识别为社会风险、经济风险与自然风险，各风险下又分别存在不同的次级风险。孙月蓉和代晨（2015）认为农地资本化流转是实现中国农业现代化的必然途径，农地资本化流转风险主要有；农地用途改变，影响粮食安全的风险；产权权能缺位，强制农民流转的风险等。

2.5.3 农地流转的风险评价

关于农地流转风险评价，因缺乏定量数据，学者们多采用层次分析法对存在的风险进行综合评价，通过对风险影响因素的危害性进行定量排序，从而确定某个影响因素在流转过程中的重要程度。李雪萍（2012）通过实地调研，并结合有关资料的搜集，将农地流转风险分为制度和法律风险、市场风险、经营风险、合同风险和社会风险。通过 AHP 对农地流转风险进行评价，建立农地流转风险层析结构模型，并构建判断矩阵进行求解，得出各风险因素影响程度排序：社会风险权重最大，为 0.3551，其次为政策和制度风险，权重为 0.2694；再次为市场风险，权重为 0.1881；合同风险和经营风险所占权重较小，分别为 0.1030 和 0.0847。吴冠岑（2013）运用专家调查法，邀请高校学者、管理部门专家对乡村土地旅游化流转风险影响等级和概率进行评价，并构建风险矩阵，根据 Borda 序值方法对风险重要性进行排序，最终得出乡村土地旅游化流转风险的综合评价结果：收益分配和利用结构性失衡问题较为严重，这两个风险须尽快采取措施予以防范和解决；粮食安全和乡村生态也具有较高风险，需要进行综合防范管理；乡村特色消失现象风险严重程度一般，出现概率较小，采取一般防范措施即可解决。

2.6 有关解决农户土地流转的对策措施

对于解决农地流转问题的建议，学术界呈现出争鸣态势，不同学者存在着不同的见地。钱忠好（2003）倡导改善农地流转市场的外部条件以促进农地有效供给。黄祖辉等（2008）提出完善“政府—中介组织—集体—农户”为一体的农地治权结构，以处理农地流转中各主体的权益关系，建立“散户—中介组织—大户”的土地流转机制。Feng et al.（2010）建议政府完善劳动力市场以便促使土地租赁市场不断发展。叶剑平等（2010）提倡赋予农民永久土地使用权以为我国城乡发展做贡献。冒佩华和徐骥（2015）认为应把农地流转市场的培育作为关键任务，并不断地规范和完善农地流转市场的交易准则，保障市场交易的合法、合规、合理，减少不必要的交易费用。Ito et al.（2016）指出加大对农村土地租赁市场的制度创新，尤其是产权结构，促进土地租赁市场的繁荣发展。

2.7 文献评述

总体来说，目前国内外学者关于农村农地流转的理论和实证研究已经比较丰富，但针对贫困农户农地流转的研究较为缺乏，其理论模型和分析方法也尚未完备，研究的广度和深度还有待加强。

（1）关于农村农地流转形成的原因，学者们进行了大量的研究，并解释了为什么农村地区出现农地流转问题，但已有解释农户农地流转的理论，并不一定完全适用于农村贫困农户，且中国农村地区存在明显的差异性。因此，需要结合我国贫困农户和农地流转市场的现实情况，在已有理论的基础上，具体问题具体分析，构建更具有深度和解释力的贫困农户农地流转理论。

（2）关于我国农村农地流转现状的研究成果较为丰富，但尚存一定不足：一是，针对农村地区农户的研究较多，针对贫困农户的研究则较为缺乏，需要加以区分对待；二是，在精准扶贫的过程中，及时地了解贫困农户的农地流转情况，比如转包入、转包出情况，流转满意程度情况等。而且区域间农地流转程度等方面的问题也有待深入研究。

（3）关于农村农地流转的影响因素的研究成果丰富，但仍存在一定不足：一是，很少有学者构建农户农地流转的决策行为模型，即使有学者构建了农户农地流转的决策行为模型，但分析缺乏系统性和完整性，不能很好地研究农户的各种决策行为；二是通过归纳上述文献，发现实证识别农地流转的方法主要有三种，①建立单方程模型，运用 OLS 进行估计的识别法；②构建 3 个方程组成的转换回归模型，运用全信息极大似然估计法进行估计的识别法；③构建面板双变量 Probit 模型，利用改进型极大似然估计法进行识别的识别法。但该三种识别法都不同程度上存在着显著的缺陷，第一种识别法的不足之处在于其未能解决农户农地流转的内生性的影响。第二种识别法的缺陷在于其虽然认识到了农户农地流转的内生性特征，但模型仍然存在着显著的误设问题亦容易带来估计偏误。第三种识别法虽然对内生性因素和遗漏问题进行了处理，但其对个体“异质性”的假设十分的严格，导致估计结果偏差仍然较大。因此，若要对农户农地流转的影响因素进行无偏识别，则需要对现有识别法进行优化或者选取新的识别法。

（4）关于农户农地流转的绩效的研究亦比较多，但亦存在一定不足：一是，将农户土地流转的影响因素解释与绩效分析纳入同一框架的分析并不多见，尤其是考虑到贫困农户的文献尚未检索到；二是，以往研究多是考虑农户农地流转对农业产出效率、家庭收入的影响，很少考虑到对贫困率、家庭消费支出等方面的影响，且多为截面数据，无法及时测度农户减贫力度和农户增收，尤其是从福利的角度，运用大样本数据来分析贫困农户农地流转的效应；三是，实证研究的方法主要有三种：①使用 OLS 估计法估计影响效应；②构建多重内生处理效应模型估计影响效应；③运用有序 Probit 模型估计影响效应，但该三种估计法都不同程度上存在着显著的缺陷，第一种估计法使用 OLS 估计法估计影响效应存在高估问题，导致估计结果离现实差距较大；第二种估计法虽然有效解决了不可观察变量带来的自选择问题，但不能够解决在估计土地租赁决策福利效应的过程中所存在的不一致性问题，第三种方法亦会出现与第二种方法相同的问题。

（5）有关农户农地流转的风险分析主要集中于定性描述，缺乏相应的数据支撑，主要存在以下几个方面的不足：一是，学者们对农户农地流转的风险尚未予以重视，对农户农地流转过程中产生的风险分析有待提高，特别是如何识别潜在的风险，需要进行综合性分析；二是，如何对潜在的风险进行评价分析，就目前而言，国内外学者尚没有很好的研究方法，且多数学者仅从定性的角度进行评价，并没有采用定量分析，研究结果的科学性有待加强。

（6）目前，虽有一些研究意识到，与一般农村地区农户相比，贫困农户的农地流转问题有所不同，但是，相关的政策建议主要集中于宏观和理论层面，缺乏微观和实证层面的研究作为支撑。因此，要想深入地了解精准扶贫过程中贫困农户的农地流转问题，需要深入严谨的实地调研和实证研究，以便制定更加有效的政策措施。

第3章　我国土地流转的阶段性特征

土地流转的核心目标是公平和效率。一方面，在一定历史时期下，为维持社会稳定，必须要实行“耕者有其田”，保证农民对土地的稳定占有和基本生产资料占有。另一方面，随着经济社会的不断发展，劳动力价格上升，我国农作物价格对国外农作物价格具有明显劣势，集体生产、大农场化生产取代精耕细作的小农经济成为主要趋势。土地流转的发展历程，实际上就是在公平和效率两个目标间权衡抉择的过程。

3.1 生产力导致的阶段性特征

丹尼尔·贝尔把人的历史划分为三个阶段：前工业社会、工业社会和后工业社会，这个理论范式可以套用到土地流转上。中华人民共和国成立以来，土地流转可以根据不同阶段的生产力水平和任务目标，大致分为前工业时代、工业时代和后工业时代三个阶段。由此产生的不同经济基础决定了土地流转特征的多样性。

3.1.1 前工业时代

从 1927 年到中华人民共和国成立初期，在中国共产党的领导下，土地所有权持续向农民转移，并在解放战争后期和中华人民共和国成立初期达到高潮。1946 年，中国共产党颁布文件《关于清算、减租及土地问题的指示》，决定将减租减息政策改为实现“耕者有其田”政策。1947 年 9 月，中共中央在西柏坡村制定了《中国土地法大纲》，废除封建性及半封建性剥削的土地制度，废除一切地主的土地所有权，实行耕者有其田的土地制度。乡村中一切地主的土地及公地，由乡村农会接收，连同乡村中其他一切土地，按乡村全部人口，不分男女老幼，统一平均分配，在土地数量上抽多补少，质量上抽肥补瘦，使全乡村人民均获得同等的土地，并归各人所有。分配给人民的土地，由政府发给土地所有证，并承认其自由经营、买卖及在特定条件下（如身老孤寡、家无劳力等）出租的权利。土地制度改革以前的土地契约及债约，一律缴销。通过土地改革，废除了封建半封建性质的土地制度，巩固了根据地的统治基础；农民分到土地后，积极性高涨，为了保护自己的革命果实，自觉组织人民武装，拥护人民政权，并积极参加人民解放军；应该说，经过土地改革后，农民的革命热情被激发出来，极大促进了当时农村地区农业生产力的发展，为解放战争的胜利奠定了物质基础。

1950 年 6 月 28 日中央人民政府委员会第八次会议通过、1950 年 6 月 30 日正式公布施行的《中华人民共和国土地改革法》（以下简称《土地改革法》）中，进一步明确废除地主阶级封建剥削的土地所有制，实行农民的土地所有制，借以解放农村生产力，发展农业生产，为新中国的工业化开辟道路。并在《土地改革法》中详细阐述了土地改革的基本路线、方针和政策，提出要有领导、有步骤、有秩序地进行土地改革。1950 年夏，人民政府宣布废除封建土地所有制，实行农民阶级的土地所有制。并在 1952 年底基本完成了土地改革，基本消灭了土地剥削。

中国在前工业时代的时代特征决定了新中国建立的土地制度是农户土地私有制而非土地集体公有制。首先在政治层面上，农民土地私有化能够争取广大贫下中农和失地农民的支持，平均分配土地可以激发农民革命和生产的积极性，为夺取政权奠定基础。其次在经济层面上，能够恢复和发展经济，保证粮食供应和粮食安全。在民国时期，一方面，随着城市化、工业化进程，农村被大量抽血，资金、人才流入城市，造成农村的贫困。

另一方面由于帝国主义和封建势力的双重压迫，国内局势长期动荡，战乱和天灾对生产力水平和社会经济发展造成了严重破坏。多重因素影响下农业产生了持续而急剧的衰落，农民普遍贫穷，农村资本外流，大量土地破荒，农业商品经济病态发展，农业改良受阻。从 1890 年到 1933 年，我国农作物种植面积在 50 余年间减少了 6.45 万顷（王军，2015）。同时，耕地占有数量的两极分化也加重了农民的贫困程度。所以，按照农村人口平均分配土地势在必行。

前工业时代中国的土地改革，导致的土地所有权从地主阶级向农民的变更，可以看作是在土地集体所有、人民公社成立前国家和集体对农民进行的土地使用权的让渡，通过将土地使用权流转到农民手中，一方面恢复小农经济的生产，保证社会和政权稳定，另一方面积累生产资料，恢复和培养劳动力，为工业化奠定基础。这一阶段的土地流转，是政治性的而非经济性的，是由计划支配的而非市场调控的，是更加注重公平而非效率的。该阶段一直持续到 1953 年中国开展大规模工业化建设。

3.1.2 工业时代

农业是国民经济的基础，旧中国的农村经济组织实质上是一种由地主所有权和小农经营权结合而成的封闭的自给自足的小农经济，再加之民国时期农业的长期凋敝导致农产品供应不能满足日益增长的需求。改变农业的落后面貌，变革农业生产关系已经势在必行。工业时代经历了两个阶段。从互助组的出现到人民公社的消亡为第一阶段，家庭联产承包责任制为第二阶段。

（1）集体化的开端和人民公社的成立

伴随土地改革而来的是农业集体化运动。土改后，农民虽然获得了土地，但由于大型牲畜、生产工具等生产资料的缺乏，单个农民家庭很难完成农业生产全过程，合作生产成为刚需。因此，在政府的鼓励和引导下，农民开展了互助组合作，农业生产互助组得到了尽快发展。1953年后，中国在苏联的帮助下开始了大规模工业化建设，工业人口和城市人口增加，工业用粮和城市用粮增加，需求上升。而土改后农民生活有所改善，其粮食消费量也有所增加，供给减少。供不应求，就会导致物价上涨，产生粮食购销危机，从而提升工业建设的成本。要快速实现工业化，就必须要降低农产品的收购价格，以降低工业化建设成本。为此，我国采取了统购统销政策。而统购统销制度形成后，一方面，为了保证低价收购，就必须取消自由市场，由国家垄断农产品市场；另一方面，为避免农民将资源从生产国家所需要但低价收购的农产品中抽离出来挪作他用，就必须通过制度以行政力量直接干预农业生产，从源头上保证农产品生产的稳定。因此，农业从合作化转向集体化势在必行。

1953年，过渡时期总路线通过。总路线的实质是一化三改，其核心是将我国的经济基础改造成社会主义公有制。此后，1954年宪法规定了农业集体化运动的发展方向。这些都推动了农业合作社发展。1954年到1955年，初级农业合作社在各地蓬勃发展。“由小到大，由少到多，由低级到高级”。政府通过合作社“用积累公积金和按劳分配方法来逐步动摇、削弱私有基础直到否定私有基础”，在初级社中，农民是以土地入股的方式加入的，且可退股。土地的所有权仍归个人所有，但使用权和经营权则归集体统一行使。同时，“可以入股的生产资料除了土地、农业设备以外，还包括劳动力，依照马克思主义的理论，后者甚至是最为重要的生产资料，因此土地收益不但应当低于劳动收益，而且还应当逐步予以取消”。这种不改变土地所有权性质，而改变土地使用权和经营权行使主体的土地产权制度，被认为是在向完全的社会主义过渡的中间阶段。

到1956年6月，第一届全国人民代表大会第三次会议正式通过了《高级农业生产合作社示范章程》（以下简称《示范章程》），使农业的生产合作成为一项正式的法律制度。《示范章程》规定，农业生产合作社按照社会主义的原则，把社员私有的主要生产资料转为合作社集体所有，组织集体劳动，实行“各尽所能，按劳取酬”，不分男女老少，同工同酬。年满十六岁的男女劳动农民和能够参加社内劳动的其他劳动者，都可以入社做社员。入社由本人自愿申请，经社员大会或者社员代表大会通过。每个社员具有同样的权利和义务，并且具有退社自由。入社的农民必须把私有的土地和耕畜、大型农具等主要生产资料转为合作社集体所有。社员私有的生活资料和零星的树木、家禽、家畜、小农具、经营家庭副业所需要的工具，仍属社员私有，都不入社。社员土地上附属的私有的塘、井等水利建设，随着土地转为合作社集体所有。如果这些水利建设是新修的，本主还没有得到收益，合作社应该适当地偿付本主所费的工本。如果修建这些水利所欠的贷款没有还清，应该由合作社负责归还。社员私有的藕塘、鱼塘、苇塘等转为合作社集体所有的时候，对于塘里的藕、鱼、苇子等，合作社应该付给本主以合理的代价。在这一阶段，土地由农民个体所有变为农民劳动群众集体所有——即以“按份共有”为基础的土地股份合作制（程雪阳，2013）。

1958 年 7 月 1 日，第一个人民公社成立，农村基本上都采取集体耕作。1958 年 8 月到 10 月，全国 74 万个农业生产合作社合并成 26000 多个人民公社，全国农村基本上实现了人民公社化。在人民公社体制下，土地的集体所有性质却变得模糊，农民丧失了退社和带走土地的自由。1962 年 9 月 27 日，中国共产党第八届中央委员会第十次全体会议通过了《农村人民公社工作条例（修正草案）》，其中规定，农村人民公社是适应生产发展的需要，在高级农业生产合作社的基础上联合组成的。它在一个很长的历史时期内，是社会主义的互助、互利的集体经济组织，实行各尽所能、按劳分配、多劳多得、不劳动者不得食的原则。人民公社的集体所有制经济，同全民所有制经济，是社会主义经济的两种形式。生产队范围内的土地，都归生产队所有。生产队所有的土地，包括社员的自留地、自留山、宅基地等，一律不准出租和买卖。从此，我国确立“三级所有、队为基础”的农村土地集体所有制（张晗，2015）。

从农业生产互助组，到初级合作社，到高级合作社再到人民公社。土地的使用权和经营权首先流转到集体手中，其次是土地的所有权从农民土地所有制转变为集体土地所有制，并在其中逐渐增加了全民所有制的色彩。这一阶段的土地流转，其过程是渐进的，其目标更加注重提升工业化建设的效率，其发展是由行政力量干预而非经济利益引导的。

（2）人民公社的消亡和家庭联产承包责任制的兴起

随着我国多个“五年计划”的完成，新中国的工业建设逐渐走上正轨。1958 年至 1978 年，基本建设投资增长 7.7 倍，大型机械数量增长 464 倍，化肥施用量增长 7 倍，农药增长 7 倍。但生产力虽然得到提升，生产的积极性却没有保证，生产效率低下。在上述投入的情况下，20 世纪 90 年代社科院的研究表明，设 1952 年的劳动生产率为 100，则 1978 年为 77.6，到 1983 年为 104.5。农民饥饿。1978 年，8.032 亿农民平均每人每天可以分到 280 克粮食。1 亿户人的粮食不够吃，4000 万户只够吃半年。1978 年统计，三分之二的农民生活水平不如 20 世纪 50 年代初期，三分之一的农民生活水平不如 20 世纪 30 年代。“政社合一”“一大二公”的人民公社体制的推行，并没有在改善农民生活上取得突破性进展，反而让广大农民求温饱而不得。

要提高粮食产量，提升农民的生活水平，可以从改善生产关系和发展生产力两个方面着手。但生产力的发展不是一蹴而就的。短期内想要取得突破，只能从生产关系着手。所以从 1978 年开始，随着安徽凤阳小岗村签订“包产到户”的分地契约，以小段包工定额计酬、联产到劳、到组包干到户等多种形式出现的家庭联产承包责任制在我国如火如荼地开展起来。1982 年中央一号文件批转 1981 年 12 月的《全国农村工作会议纪要》(以下简称《纪要》)，其主要内容就是肯定多种形式的责任制，特别是包干到户、包产到户。《纪要》指出，“农村实行的各种责任制，包括小段包工定额计酬，专业承包联产计酬，联产到劳，包产到户、到组，包干到户、到组，等等，都是社会主义集体经济的生产责任制。不论采取什么形式，只要群众不要求改变，就不要变动。”《纪要》明确包干到户，是“建立在土地公有基础上的，农户和集体保持承包关系，由集体统一管理和使用土地、大型农机具和水利设施，接受国家的计划指导，有一定的公共提留，统一安排烈军属、五保户、困难户的生活，有的还在统一规划下进行农业基本建设。所以它不同于合作化以前的小私有的个体经济，而是社会主义农业经济的组成部分；随着生产力的发展，它将会逐步发展成更为完善的集体经济。”。并第一次以中央的名义取消了包产到户的禁区，且宣布长期不变。《纪要》的另一要点是强调尊重群众的选择，不同地区，不同条件，允许群众自由选择。但是，《纪要》同时强调，“社员承包的土地，不准买卖，不准出租，不准转让，不准荒废，否则，集体有权收回；社员无力经营或转营他业时应退还集体”。1982 年颁布的《中华人民共和国宪法》第十条第四款明确规定，“任何组织或者个人不得侵占、买卖、出租或者以其他形式非法转让土地”。1983 年中央下发文件，肯定联产承包制是在党的领导下我国农民的伟大创造，是马克思主义农业合作化理论在我国实践中的新发展，要在全国推行这种社会主义集体经济的生产责任制。这进一步推动了家庭联产承包责任制的发展。

联产承包制通过调整农村生产关系，进而调整了国家集体和农民之间的分配关系，变“大锅饭”为“按劳记酬”，由“工分制”转为“交够国家的，留足集体的，剩下的都是自己的”。实质上是把土地承包权和经营权从集体手中归还给广大农民。剩余农产品的占有权和土地承包权与经营权的再获得极大地激发了农民生产的积极性。从 1979 年到 1984 年，家庭联产承包责任制对粮食增产的贡献率大约达到了 50% 左右（MCMillantel et al.，1989；Zhang and Carter，1997）①。需要指出的是，生产关系的变化基础是生产力的发展。在化肥农药广泛运用、农业机械数量增长、农业基础设施逐步完善的基础上，才有家庭联产承包责任制增产的空间。

尽管农户土地流转受到法律和政策层面上的限制，但在现实情况中，由于农户普遍存在的土地经营规模小、土地细碎、农业生产效率较低等局限性影响了农业生产效率的进一步提高，而农民也已成为拥有土地经营权的主体，所以，这一阶段，农户之间私下进行的地下流转并不鲜见，逐步开始了农村土地流转的探索（张晗，2015）。这一阶段的土地流转，实质上是服务于生产关系对生产力的适应。是首次自下而上发起的土地流转，更注重提升粮食生产的效率，流转的是土地经营权，并且以制度的形式对农民权利的保障进行了背书。仍然需要注意的是，该阶段农村土地由于法律和政策限制，并不具备大规模流转的条件，农业现代化所需要的土地规模经营条件仍需等待经济条件和政策条件的转变。

3.1.3 后工业时代

后工业时代土地流转阶段性变迁的原因可从三方进行分析：农业人

① 需要说明的是，不同的学者的研究得出了不完全相同的结论，本文的 50% 是综合学者研究取折中的结果。MCMillantel et al.（1989）发现在 1978—1984 年中国农业生产率改进的 78% 可归功于家庭联产承包责任制改革，而其余 22% 则得益于价格改革；Zhang and Carter（1997）则认为 1980—1985 年，粮食产量增长的 38% 得益于家庭联产承包责任制的改革。更详细的分析请参看：孙圣民，陈强．家庭联产承包责任制与中国农业增长的再考察——来自面板工具变量法的证据［J］．经济学（季刊），2017，16（02）：815-832.

口、非农人口、政府。从政府层面而言，为了保证粮食安全，维持高自给率，政府需要付出巨额农业补贴。从 2005 年至今，农业补贴数额连年增长，已由 2005 年的 309.50 亿元增长到 2013 年的 1700.00 亿元，尽管 2014 年和 2015 年有所回落，但 2016 年中央财政已提前下达农业支持保护补贴、农机购置补贴、农业技术推广与服务补助、现代农业生产发展、农田水利设施建设补助及农业防灾增产等相关资金已达 2011 亿元（见表 3–1）。高额的农业补贴，对财政的负担也相对沉重。对于农业人口来说，政府决定的粮食收购价要高于国际市场的粮食收购价，同时还享有符合条件的各类补贴。但实际上农业补贴对于提高农民收入并没有显著效果。其原因在于，一方面，我国地狭人稠，人均耕地占有面积小，补贴总量低。另 ·方面，工业化和城镇化的加速促进了人口流动，农民离乡打工获得的收入远远超过从事农业获得的收入，务农的机会成本提升。对于非农人口来说，随着改革开放 40 多年来经济社会的发展，人们饮食结构不断改善，对农副食品的需求量不断增加，这对农业的现代化提出了更高的要求。三方因素影响下，以土地流转为杠杆，撬动中国农业，重构集体主义经济已经成为中国农业发展的必由之路。

表 3–1　2005—2015 年农业直接补贴资金项目结构及总额

（单位：亿元 /%）

年份	良种补贴资金		粮食直补资金		农资综合补贴资金		农机购置补贴资金		总额
	总额	占比	总额	占比	总额	占比	总额	占比	
2005	41.50	13.41%	142.00	45.88%	120.00	38.7%	6.00	1.94%	309.50
2007	66.60	12.97%	151.00	29.40%	276.00	53.74%	20.00	3.89%	513.65
2008	123.40	11.98%	151.00	14.65%	716.00	69.49%	40.00	3.88%	1030.40
2009	198.50	16.60%	151.00	12.63%	716.00	59.89%	130.00	10.87%	1195.50
2010	204.00	16.64%	151.00	12.32%	716.00	58.41%	154.90	12.64%	1225.90

续表

年份	良种补贴资金		粮食直补资金		农资综合补贴资金		农机购置补贴资金		总额
	总额	占比	总额	占比	总额	占比	总额	占比	
2011	220.00	15.65%	151.00	10.74%	860.00	61.17%	175.00	12.45%	1406.00
2012	224.00	13.63%	151.00	9.19%	1053.00	64.09%	215.00	13.09%	1643.00
2013	226.00	13.29%	151.00	8.88%	1106.00	65.04%	217.60	12.80%	1700.60
2014	214.45	12.82%	151.00	9.03%	1071.00	64.02%	236.50	14.14%	1673.00
2015	203.50	12.31%	140.50	8.50%	1071.00	64.81%	237.55	14.37%	1652.60
合计	1721.95	13.94%	1490.50	12.07%	7705.00	62.39%	1432.55	11.60%	12350.10

注：数据转引自曾雄旺，刘媛媛，曾建英.农业直接补贴资金的演变：2006—2015 年的数据［J］.农业经济，2018（01）：95-97.

2014 年 9 月中央全面深化改革领导小组第五次会议之后，会议审议了《关于引导农村土地承包经营权有序流转发展农业适度规模经营的意见》（以下简称《意见》），提出农村土地所有权、承包权、经营权三权分置，这就给农地改革定了调，是确定了集体所有制内核不变，以承包权保证农民既有利益，以放开经营权使农地适度集中经营成为可能，另外为经营权的抵押担保融资提供了政策基础。《意见》指出，“伴随我国工业化、信息化、城镇化和农业现代化进程，农村劳动力大量转移，农业物质技术装备水平不断提高，农户承包土地的经营权流转明显加快，发展适度规模经营已成为必然趋势”。实践证明，“土地流转和适度规模经营是发展现代农业的必由之路，有利于优化土地资源配置和提高劳动生产率，有利于保障粮食安全和主要农产品供给，有利于促进农业技术推广应用和农业增效、农民增收，应从我国人多地少、农村情况千差万别的实际出发，积极稳妥地推进”。《意见》强调，“全面理解、准确把握中央关于全面深化农村改革的精神，按照加快构建以农户家庭经营为基础、合作与联合为纽带、社会化服务为支撑的立体式复合型现代农业经营体系和走生产技术先进、经营规模适度、市场竞争力强、生态环境可持续的中国特色新型农业现代化道路的要求，以保障国家粮食安全、促进农业增效和农民增收为目标，坚持农村土地集体所有，实现所有权、承包权、经营权三权分置，引导土地经营权有序流转，坚持家庭经营的基础性地位，积极培育新型经营主体，发展多种形式的适度规模经营，巩固和完善农村基本经营制度”。

2016 年 10 月，中共中央办公厅、国务院办公厅印发《关于完善农村土地所有权承包权经营权分置办法的意见》提出，“改革开放之初，在农村实行家庭联产承包责任制，将土地所有权和承包经营权分设，所有权归集体，承包经营权归农户，极大地调动了亿万农民积极性，有效解决了温饱问题，农村改革取得重大成果”。现阶段我国农村土地制度改革的进一步深化，需要“顺应农民保留土地承包权、流转土地经营权的意愿，将土地承包经营权分为承包权和经营权，实行所有权、承包权、经营权分置并行”。“三权分置”改革是“继家庭联产承包责任制后农村改革又一重大制度创新”，是“农村基本经营制度的自我完善，符合生产关系适应生产力发展的客观规律，展现了农村基本经营制度的持久活力，有利于明晰土地产权关系，更好地维护农民集体、承包农户、经营主体的权益；有利于促进土地资源合理利用，构建新型农业经营体系，发展多种形式适度规模经营，提高土地产出率、劳动生产率和资源利用率，推动现代农业发展”。

对于土地流转的政策指导，一方面是对以往土地流转事实行为的背书，另一方面，也指明了土地流转的新方向。首先，要重构集体主义经济。目前，我国农副产品价格普遍高于国际市场价格，家庭联产承包责任制下农业缺乏规模化效益，在市场上就缺乏竞争力。从优化资源、提高生产效率的角度分析，经营权集中化和农业产业化属于不可逆转的发展趋势。规模化农业在亩产上对于精耕细作的小农经济可能并无优势，但在成本效益比上却远远胜出。连片发展、区域协作，是促进当前农业发展的有利尝试。其次，促进农村金融发展。三权分置为农民提供了更多选择：通过把地租给适度集中的大户、家庭农场，或者将经营权抵押给金融机构以取得扩大经营的杠杆。同时，企业也可以以承包地作为资产实现融资。再次，保证了粮食安全问题。由于经济效益的差距，流转土地非粮化、非农化问题突出，通过对土地所有权的确认，对土地种植的作物进行用途管制，是粮食安全的首要保证，也是对 18 亿亩耕地红线的坚守。最后，在发展的过程中，要保证农民的利益。中国的土地流转三权分置不是“羊吃人”运动，不能强迫农民离开土地。根据中国统计年鉴，到 2015 年，城镇人口为 7.7116 亿人，占总人口的 56.10%，农村人口 6.0346 亿人，占总人口的 43.90%。在山东地区，城镇人口比重逐年上升，2015 年达到 57.01%，超过全国平均水平。但未来很长一段时间内，农村依然会存在大量农民。既要集中土地发展农业，又要避免农民失地，保障农民拥有土地的承包权。

2013 年，山东被国家确定为农村承包土地确权登记颁证三个首批试点省之一。截至 2015 年底，山东省 95.9% 的有耕地村（社区）和 98.1% 的承包耕地完成确权任务，在全国率先基本完成土地确权登记颁证工作。截至 2017 年底，山东土地流转面积达 3014.5 万亩，占家庭承包耕地面积的 32.3%，土地经营规模化率达到 40% 以上。这一阶段的土地流转，既自上而下，又自下而上；既受到市场的调控，又有政策的支持。在提高效率的基础上兼顾公平，是中国现代农业发展的有益尝试。

3.2 区位因素导致的阶段性特征

根据国家统计局的数据，改革开放近 40 年来，我国城镇化水平不断提高，城市建成区面积从 2004 年的 30406.19 平方公里到 2018 年的 58455.66

平方公里，十多年间增长了近一倍。农业是人类社会活动的基础。随着城市的兴起和扩张，农业与城市的相对距离深刻影响了其地租水平、运输成本、农产品种类、经济效益以及经营方式。在市场经济条件下，农业以经济利益为导向进行布局成为基本特征。不同的农业区位使得在同一时点上农业在城市的近郊、远郊及荒原地区的表现不尽相同。这些不同又导致了土地流转模式的异化。

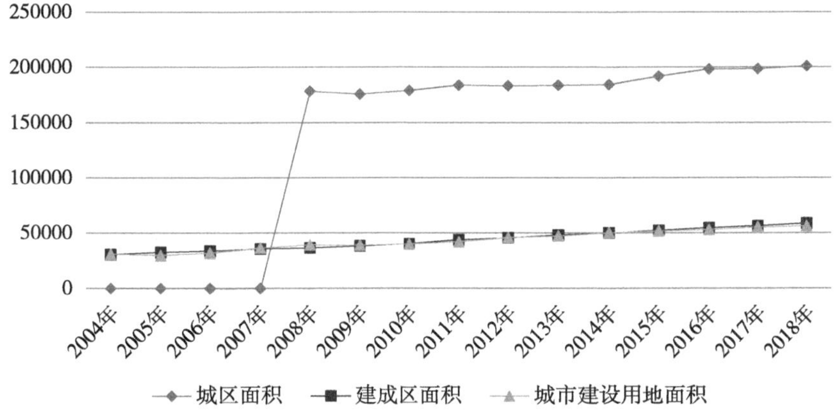

图 3–1　2004—2018 年我国城区、建成区和城市建设用地面积

注：数据来源为国家统计局，城区面积只有 2007—2018 年数据，城区面积、建成区面积和城市建设用地面积单位均为：平方公里。

3.2.1 都市农业

都市农业以满足城市多方面需求，尤以生产性、生活性、生态性功能为主，是多功能农业，发展水平较高。都市农业既可以环绕在城市近郊，即城市的城乡接合部附近，也可以镶嵌在市区内部。都市农业通过利用田园景观、自然生态及环境资源，结合农林牧渔生产、农业经营活动、农村文化及农家生活，为人们休闲旅游、体验农业、了解农村提供场所。都市农业的类型按农业功能划分大致有农业公园、观光农园、市民农园、休闲农场、教育农园、高科技农业园区、森林公园、民俗观光园、民宿农庄等几类。都市农业具有两个特点。一是其从事的项目的多样化，二是其经营的复合性。

首先，都市农业从事的项目呈现多样化特征。例如花卉、采摘、乳畜、观赏植物等。其次，都市农业的经营呈现复合性特征。都市农业不仅仅生产农产品，往往还附加有观光、休闲、教育、科研、住宿等多种属性。由于其所处区位的因素影响，都市农业的租金要远高于城郊农业和农区农业。以青岛市为例，其代管的某县级市 JM 市（笔者注：2017 年国务院已批复同意撤销县级 JM 市，设立青岛市 JM 区）的农区农业租金往往为 800 元至 1000 元每亩，其城郊地区的城郊农业租金往往为 6000 元至 8000 元每亩，而位于城市近郊或镶嵌在城市内部的都市农业租金可以达到一万以上，个别地区甚至达到两万元。高昂的租金要求农业取得更高的经济效益，因此农业必须更加充分地利用农业资源，促进农业结构优化调整，提高农业生产效益，以农业为内核，与旅游业、高科技产业等多种产业相交融，以获取高额利润。都市农业既可以充当市民与农村交流、与农业接触的平台，也是农业知识教育、农业科技研究、农业技术示范的样板，更是城市的生态圈、绿化带。也正因为如此，都市农业逐渐脱离了传统农业单纯供给农产品的特征，其社会功能、教育研究功能、生态功能逐渐显现。

同时，由于城市建设的关系，居民居住点和工商企业分割了绝大部分土地，剩余可耕种土地显著减少，每年都有大量的土地挪作建设用地，都市农业可谓地狭人稠，少见大面积的连片地块。土地价值高，土地流转率很低。从经营模式上看，都市农业的经营者主要以合作社和农业公司为主，少见个人经营。

3.2.2 城郊农业

城郊农业以农区农业为起点，由农区农业分化蜕变而成。其生长区域是城市化尚未展开或较为缓慢的城市周边地区，具有明显的生长地域边界，即通常局限于城市郊区之内。城郊农业通常只具有产品生产功能，不完整的外向功能和生态功能。其产出以满足市民饮食消费的鲜活农产品或初级加工农产品为主。按产品保持鲜活的难易，与城市距离的远近，安排各类农产品的布局，一般呈环绕城市的环状梯级分布。产业结构以满足市民饮食消费的鲜活农产品为其生产结构的主体。城郊农业基本上属于低层次单向开放的性质，即面向所在城市和一定量的国际、国内市场产品的低层次开放，基本上属于开放层次较低的自我发展系统。城郊农业除在市场和产品上与城市较为融合外，其他方面的融合度并不高。因此，总体上说，城郊农业与城市的融合度较低。由于开放层次不高，与城市融合度较低，因此，外部资金、技术、人才等流入有限，导致城郊农业集约化程度难以普遍提高。城郊农业在总体上和本质上通常处于自我发展能力水平较低的弱质产业地位。通过以上对城郊农业特征的分析，不难看出，城郊农业与城市及其产业的融合度较低，因而尚不具备城市化的本质特征。

城郊农业受到城区大市场的影响，要为城区人民提供大量的蔬菜、肉蛋奶等副食品，同时其农业生产效益也要与城区市民收入相抗衡。所以，城郊型农业具有机械化、集约化、设施化及高效化的发展方向。

由于靠近城市，劳动力转移便利，所以城郊农业往往面对着劳动力匮乏的窘境。实现从种植、植保、灌溉、收获及装卸运输各个环节的全部机械化将是提高劳动生产率的重要途径。同时，限于相对较小的可耕作土地面积，设施化和集约化也正逐渐成为城郊农业的发展趋势。以聊城贾寨镇为例，自 2008 年以来，一方面，大力推动土地流转，运用连片土地进行农业生产。另一方面，推广蔬菜进棚，改良其传统的蔬菜种植业，克服热量对植物生长发育的限制。由此大幅度提高了土地生产率和劳动生产率。

城郊农业的土地流转率要高于都市农业。一方面城郊农业可耕作面积相对较多，另一方面集中土地进行生产对城郊农业的生产力提升具有显著效果。但从经营主体来看，城郊农业的经营主体仍为合作社。这是因为由于城市的扩张，城郊地区并不存在大规模的连片土地，农业公司很难取得规模效益。百亩左右的小型地块的利润率又低于行业平均利润，因此城郊地区农业公司分布较少。

3.2.3 农区农业

农区是从事农业活动的区域。一般指以耕作业为中心、主要种植粮食作物和经济作物的区域。农业区往往拥有集中连片的大片土地，人均土地多，且由于远离城市，土地租金低。是开展大规模机械化生产的理想场所。同时，传统农区人口收入低，耕作方式落后，撂荒现象时有发生。通过土地流转，不仅可以将农民从土地上解放出来，为工业化提供劳动力，提高农民的收入水平，也能够改善农区的生产条件，可谓一举三得。以济南市某县 SH 县 DL 村为例，其邻近黄河，土地集中，租金约 1000 元每亩，因此农业公司流转两千亩土地建立了稻米产业园，取得了不俗的经济效益，也提升了流转土地农户的生活水平。农区农业的经营主体目前仍以个体农户为主，但农业公司正在大量进驻，农业合作社也正在蓬勃发展。

第 4 章　土地流转现状及存在问题分析

4.1 调研数据说明

4.1.1 调研对象

调研团队在 2016—2018 年度三年间走访了山东省十多个地级市及县级市，如针对政府、农业合作社、农业公司、农户等多方主体展开调研。2016 年走访了济南市 JY 县、SH 县以及青岛市 LS 区等 3 县市，选取 MJ 村、SJ 村、GD 村、DJ 村、SH 村、DL 村、BZ 村等 9 个贫困村进行实地调研。2017 年调研地区包括济南市、青岛市、东营市 GR 县、聊城市、潍坊市、济宁市代管县级市 QF 市、济宁市 RC 区。

2018 年调研以山东省地理位置、经济总量、扶贫政策的不同为标准，选取了济宁市代管县级市 QF 市、滨州市、菏泽市、淄博市以及德州市五个地区进行实地调研。本次调研对现有土地确权政策的进展，现阶段乡村振兴背景下的土地流转政策的落实情况进行了充分解读，了解了政府、农户、农业企业三方调节情况以及土地流转实施的后续问题。同时对往年已经进行调研的地区进行跟踪调研。

团队所走访的市区经济发展情况不同，所联系的调研村落有省级重点扶贫村和普通村落，选取这些地点调研既切合团队调研主题，又极具有代表性，普遍性，共收回有效调查问卷 2148 份，调研数据对于政府政策的制定与实施具有重要的参考价值。

4.1.2 调研内容

团队顺应政策发展方向经过三年的沉淀，调研内容包括：政府政策落实情况，农业公司承包情况、土地流转规模，流转土地相关情况，农户方面相关情况等问题，通过调研获得的翔实数据为本团队的研究提供了较为充分的经验资料和基本事实。

基于调研数据我们对调研结果深入分析。将理论与实际结合，提出了数个理论模型。对从政府开始的政策措施、大环境进行解读，到农业公司在政府与农户间的中介承重作用以及农户的既得利益效率高低的分析，将土地流转的成效分析、博弈分析、补偿机制、土地流转收益、土地流转阶段分析等成果有机地结合起来，以点成线、以线画面。提出了当下农业模式中存在的问题，对农户有何风险，以及针对突出问题的对策建议。

本次调研旨在对课题的深化研究和对往年调研成果的跟踪。将对现有的政策进行充分解读：对现有土地确权政策的进展，现阶段乡村振兴背景下的土地流转政策的落实情况，政府、农户、农业企业三方调节情况以及土地流转实施的后续问题。同时对往年已经进行调研的地区进行跟踪调研，将其成功的土地流转模式进行分析类比，对其存在的顽固问题和解决方法进行效果分析。及时回访调研成效，协调路径优化。提出相对完善的土地流转分析发展理论。

4.2 土地流转的现状分析

4.2.1 农户土地流转行为基本情况

（1）土地流转程度、年限及中介机构情况

由图 4–1、图 4–2 和图 4–3 可知，山东省农户土地流转率相对较低，只有 26.92%，且缺乏有效的中介机构帮助农户进行土地流转，由土地流转中介机构进行土地流转的比例为 52.17%。已经进行流转的农户中，土地承包者为个体农户的承包年限普遍较少，多集中在 1~2 年，占比 33.68%。与农业公司合作进行土地流转的农户承包年限较长，一般为 10 年以上，占比 26.32%。

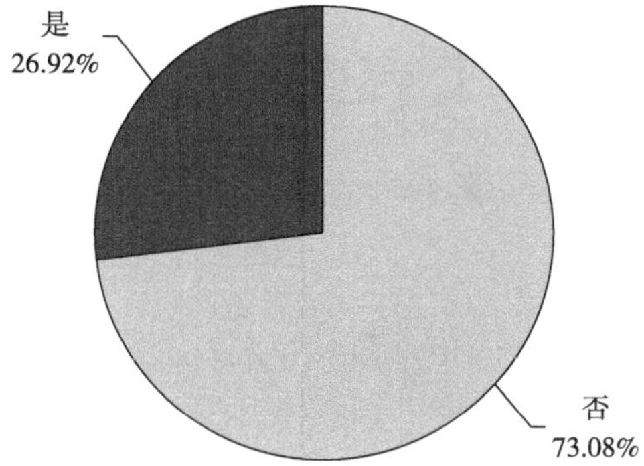

图 4-1　是否进行土地流转

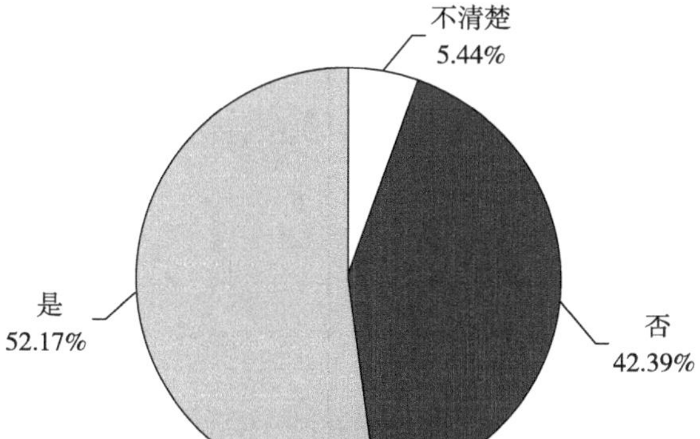

图 4-2　是否有土地流转中介机构

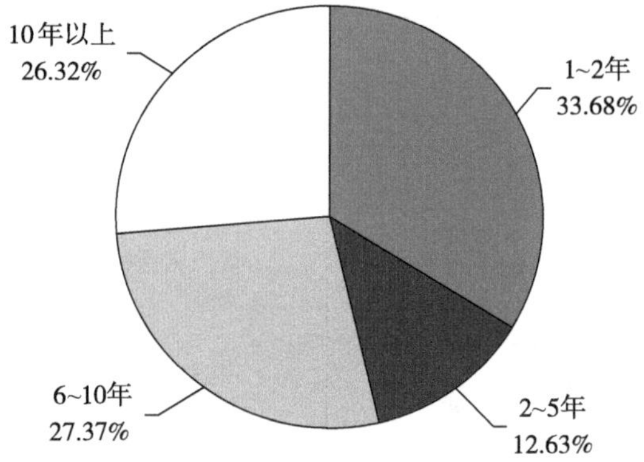

图 4-3　土地转出年限

（2）土地流转形式、去向及用途

农户可以通过转包、转让、入股、合作、租赁、互换、反包倒租等方式出让土地经营权。其中反包倒租是指由乡（镇）或村集体将农民承包的土地“返租”回来，再承包给个人和单位（往往是有经营能力的种养能人或经济实体），由接包方向集体缴纳承包费，同时给转包土地使用权的农民以经济补偿。由图 4-4 可以看出大多数农户还是选择了转租、转包、反包倒租这种较为稳妥常规的方式进行土地流转。这三项分别占到了总数据的 37.9%，32.63%，18.95%。这在一定程度上也反映了农民思想的传统和保守性，以及他们对政策变动的担忧。

村内土地流转范围比较局限，较多农户选择了本村内或周边村庄的人进行土地流转，总共占到了全部土地去向的 48.05%，承包方都是自己熟悉的人。这种情况说明了，在前期土地流转过程中，市场还未充分发挥其资源配置的作用。农业公司是土地去向的另一个大类，占比 29.41%，不少农民表示，农业公司经营情况较为稳定，给农民的福利基本可以接受，只要有合适的农业公司主动承包，农户都比较愿意转出土地。

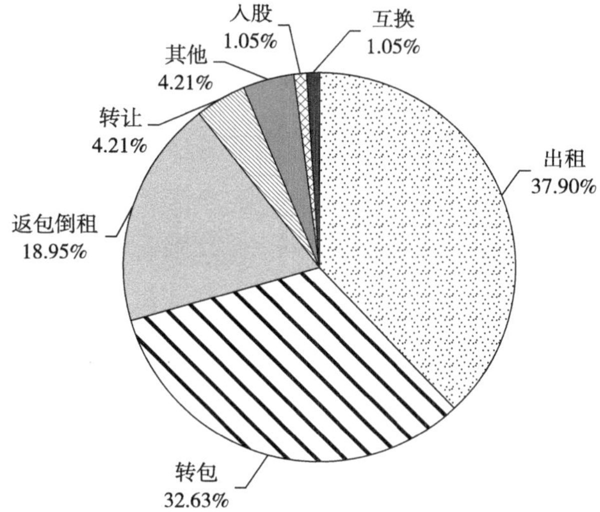

图 4–4　土地流转形式

目前，流转后土地利用形式还比较传统，有一部分其实不清楚流出的土地作何用处，看出其实农户只关心利益，不关心土地用途延续了以往的耕作模式。流转后种植经济作物的占比最多，占比 44.68%，其次是种粮食作物，占比 31.92%。而流转后去开发旅游业的仅有 2.13%。

（3）转出土地后反馈情况

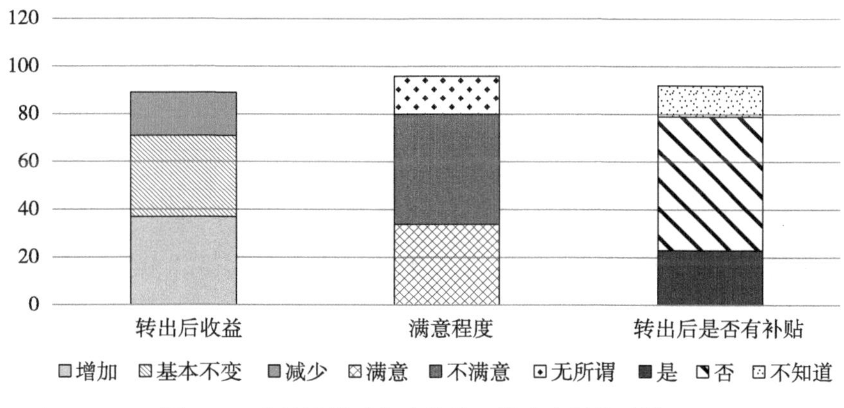

图 4–5　土地流转过程中收益、满意度及补贴情况

根据图 4–5，由图柱“转出后收益”可以看出，贫困村的农户在土地流转过程中收益情况并不理想。转出土地后，农户收益基本不变的还占大多数，甚至还有因承包年限较短、土地状况不好、农户本身议价能力较低等原因造成收益减少的。

由图柱“满意程度”可以看出，对目前土地流转现状不满意的农户不在少数。农户们普遍反映，找不到合适的土地承包者以及双方在土地价格上无法达成一致是限制他们进行土地流转的一大原因。

由图柱“转出后是否有补贴”可以看出，在后期补贴方面还存在着补贴力度不够、补贴标准不一等问题。

4.2.2 农户土地流转的现状特征

（1）流转率提高

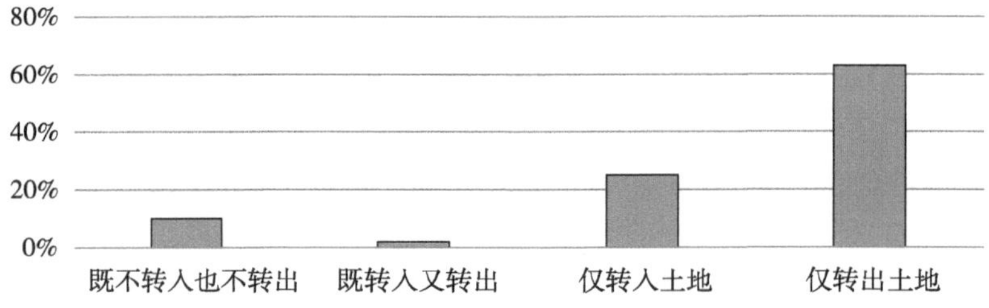

图 4–6　土地流转率情况

由图 4–6 可以看出，土地流转的完成情况比较乐观，土地流转率与往年相比有所提高，根据团队调研，济宁市代管 QF 市、滨州市、菏泽市、德州市等地所属个别村落发生土地流转农户占比超过 50%，流转情况乐观。

（2）流转年限加长

伴随着土地确权的进行，转出方和承包方的权益以及职责更加的明确，农民对于土地转出后的顾虑问题得到一定的缓解。经团队调查发现，农民转出土地的期限不断延长。纵观横向，较长年份在整个年份分布的比例中加大。由纵向分析可知，较长年份所占的数量增多。

（3）农村土地流转范围和渠道不断拓宽

首先，农村土地流转范围和渠道也在不断拓宽，土地流转对象由本村村民转向外村、外乡、甚至外区农民、农业公司。其次，流转土地的用途更加丰富，由以种粮为主逐渐转型，转向发展高品质生态种植业及优质农业，另外用于种植经济作物、建果园、建厂房、开发设施农业、发展旅游业等，用途更新颖广泛。

另外，土地流转规模化逐渐形成。土地流转帮助推动了一大批新型农民以规模化经营参与市场竞争，促进培育了新的经济主体。据调研，政府开始加大鼓励农户将土地向专业大户、种田能手流转，进行适度规模经营，通过组织协调改变土地现状，以获得更大的利润。

从目前的情况看，土地流转总体态势健康平稳。随着农村人口的逐步转移和现代农业的建设不断推进，流转呈现逐步发展的趋势。但受农村人口大量稳定转移和农村社会保障体系建设的制约，目前大多数农村还不具备大规模流转的条件，流转市场的培育、规模经营的发展是一个渐进的过程。

（4）农村土地流转形式多样化

我国农村土地流转形式也已经发生了新变化，流转方式不断向多样化发展。目前，土地流转形式有出租、转包、转让、入股、互换等，其中调研地以出租、转包为主要流转形式，两者共占比 77%。

调研发现，农民可以通过签订租赁合同的方式，将承包地租赁于农业公司、专业大户、农村合作社等承租方，其中出租方式有大户承租型、公司租赁型、反租倒包型等。或者采用村集体经济组织主导模式、种粮大户承包等转包模式流转土地。另外，土地流转方式因地区而异，在流转过程中，不同地区、不同农业形式催 生出了不同的土地流转方式。

（5）农村土地流转主体多元化

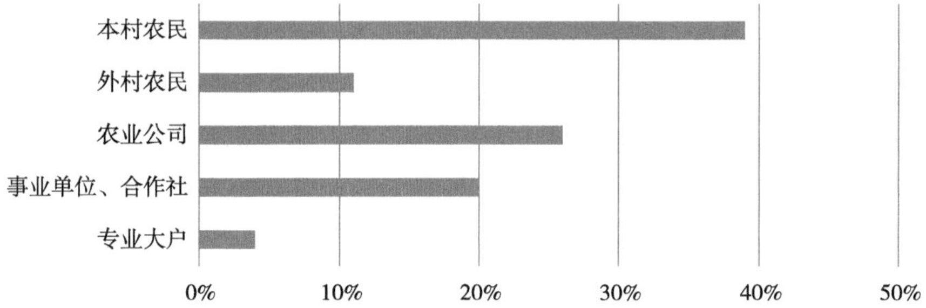

图 4–7　土地流转主体

我国旨在坚持农民自愿流转，维持农民土地流转的积极性，保持农民在土地流转中的主体地位，与此同时，随着大批农业产业化企业、农业专业合作组织进入农业产业，大量资本涌入土地流转市场。目前，土地流转已从农户之间的自发流转扩大到农户与专业大户、农户与企事业单位、农户与农业公司等之间的有序流转。流转主体有本村村民、外村村民、农业公司、事业单位、合作社、专业大户、其他工商 企业等。调研显示，从调研地的承包土地流转去向看，流向一般农户占 50%，流向专业合作社的占 20%，流向农业公司占 26%，其余流向专业大户等。

（6）其他收入形式的多样化趋势加强

随着农村逐步向城镇转移，劳动力外出劳务，导致农村土地闲置、荒芜，农村经济发展处于低效率低收入的状态。进行土地流转，一方面，农户可以通过转让土地使用权获得土地租金，即直接的财产收益，也就是有形收益。另一方面，土地流转中将提供一定数量的就业岗位需求，为农村下岗待业职工提供了再就业的机会，此为无形收益。除此之外，土地流转一定程度上解放了劳动力，为农民获得其他收入，提高自己获得的总收入提供了途径。

家庭中有劳动能力的成员将通过外出打工、养殖畜牧、个体经商等方式获得其他收入。占 76% 的被调查农户表示土地流转后收益没有减少，对土地流转后收益情况满意。在调查过程中，存在 12% 的农户不愿意进行土地流转，其主要原因是农户认为流转条件没有满足其收益预期，由于价格问题没有达成共识，或者由于年龄过大的农户丧失劳动能力，不能寻求到外出就业的机会，没有其他收入来源。

综上所述，土地流转的总体效益日益稳定，有效地促进了劳动力的转移，增加了农民的收入。土地流转市场在扶贫开发工作中的作用也彰显出来，人们注意到土 地流转市场之于农户乃至整个国民经济发展异常重要，完善高效的土地流转市场不仅是解决农村土地利用细碎化、闲置化及其撂荒化等现象的有效途径，而且对于优 化土地资源配置，提高土地利用效率，促进农业生产率增长和提升农户福利水平同 样具有重要作用。

4.3 农村土地流转存在的问题

（1）土地流转过程不太规范

虽然国家已经出台相关法律对土地流转进行规范，但很多农户缺乏法律意识，流转方式随意，农民自行流转多，报村和乡镇批准备案少，导致很多土地以口头协议的形式转让。口头转让仅仅依靠农户间的信任维持，既缺少约束力，又缺乏法律效力，容易诱发矛盾。即使有部分农户签订了合同，但是合同制定不符合规范，没有明确权利与义务，流转手续不完善，既没有违约说明，更没有经过相关部门的审批，极易出现纠纷。此外，虽然法律规定不得将农用土地用于非农建设，但在利益驱使下，仍有部分企业私自变更土地用途。

（2）土地流转难以集中成片

现代农业专业化生产要求土地必须能够集中成片，但现阶段土地流转存在两个问题。一是土地流转的范围较小，大部分是农户间小部分、小范围的流转。二是部分农户对土地流转仍有顾虑。由于一片土地中部分农户不愿意将土地流转，使土地不能集中成片，难以体现土地流转价值，制约了土地流转市场的发展。

（3）缺少土地流转中介组织

在目前的土地流转市场上，同时存在着超额供给和需求。供求双方的信息沟通渠道不畅，严重阻碍了土地流转的发展。虽然有部分地区已经建立了中介组织，但都处于起步阶段，缺乏县乡村三级网络信息模式，不能及时收集整理，归档和保管，为广大农民提供土地流转政策咨询，土地登记，信息发布，法律援助等服务。土地的评估机制不完善，相关的法律、行政、经济体系也不健全。而这也导致好的项目没有机会，好的土地没有出路。

（4）农业公司融资比较困难

农业合作社或农业公司在建设初期需要大量的资金投入，但是由于农业的特殊性，融资比较困难，只能通过借款甚至是高息的民间借贷来维持发展，抬高了经营成本。而政府一般是在公司有了经营成果后才给予政策性资金支持，相对于公司发展进程较为滞后。

（5）土地流转缺乏合理的风险保障体系

土地流转的出让方面临收回的土地被破坏，影响耕种以及是否能按时收回租金的风险受让方也面临因天气灾害等原因造成的利益受损和合约未到期前毁约现象。自身利益得不到保证，风险保障体系不够完善，使得土地流转的出让方和受让方都心存顾忌，不敢大胆去干。

（6）土地流转方式创新力度不够

2018 年土地流转新政策提出加快培育新型农业经营主体，探索新的集体经营方式，农户可以采取转包，出租，互换，转让及入股等多种形式，可以采取将一整片连耕地，将土地折股量化确权到户，经营所得收益按股分配等新型模式，鼓励创 新金融产品和服务，拓宽融资渠道。然而现实情况下土地流转方式过于单一，农户只是进行传统方式土地流转，新模式，新政策没能落实到位。

（7）特殊原因

因为农户祖坟不能迁移导致的土地无法流转，村里之间矛盾导致的土地无法流转，由于村里的历史遗留问题导致土地无法流转等，虽然这些问题在调研的过程中并不普遍，但却成为目前最难解决的顽疾。

4.4 贫困农户土地流转现状与存在的问题

改革开放 30 多年来，我国政府一直致力于扶贫开发工作，取得了令世人举世瞩目的成就，农村地区的贫困人口不断下降，收入水平稳步提升，农村居民生存和温饱问题基本解决，成为全球首个实现联合国制定的“贫困人口比例减半目标”的国家（汪三贵和郭子豪，2015；左停等，2015；唐丽霞等，2015）。然而，按照目前国际上鉴定贫困的标准，我国仍然存在大量的贫困人口，有很大的比例分布在农村地区，扶贫开发工作仍然面临巨大的挑战，譬如：贫困人口分布逐步分散、扶贫瞄准难度加大等问题，致使扶贫开发工作机制亟需改革和创新（葛志军和邢成举，2015；李春明，2015；杨定玉，2016）。为此，2013 年 11 月习总书记在湘西调研扶贫开发工作时，首次作出了“实事求是、因地制宜、分类指导、精准扶贫”的重要指示，随后，中共中央及国务院出台了《关于创新机制扎实推进农村扶贫开发工作的意见》，并提出“建立精准扶贫工作机制”。2015 年 6 月习总书记在贵州省调研时，强调要科学谋划“十三五”时期扶贫开发工作，确保贫困人口到 2020 年如期脱贫，并提出扶贫开发“贵在精准，重在精准，成败之举在于精准”（郑宝华和蒋京梅，2015；沈茂英，2015）。

为了深入了解贫困农户土地流转现状及存在的问题，调研团队还专门针对贫困农户进行了调研，进一步分析贫困农户土地流转现状及问题。在借鉴已有研究的基础上，通过设计合适的调查问卷和调查方法，继而开展实地调研以获得精准扶贫过程中贫困农户农地流转的具体信息，譬如：农户及家庭基本情况、农地流转基本情况、所在村庄基本情况等。然后，对各种指标进行详细的分析，分析贫困农户农地流转的现状，譬如：转包入、转包出情况等，以便及时了解和掌握贫困农户的农地流转基本情况，且为后续研究提供数据支撑。

4.4.1 贫困农户调研简介

根据山东省地区经济发展程度和地理分布特征，选取济南市 JY 县、SH 县以及青岛市 LS 区等 3 个县（区），选取选取 MJ 村、SJ 村、GD 村、DJ 村、SH 村、DL 村、BZ 村等 9 个贫困村进行实地调研，在选取村庄时剔除了人口和面积极小或极大的村庄，样本贫困农户总计 500 户。

调研内容主要包括了贫困农户年收入、支出、生产经营、土地流转、信贷行为、家庭及所生活村庄的基本情况等翔实数据，为本研究提供了较为充分的经验资料和基本事实。但由于部分贫困农户调研数据不完整，故剔除此部分样本，仅保留 468 户贫困农户样本进行分析。

4.4.2 贫困农户土地流转行为基本情况

（1）是否发生土地流转情况

通过调研发现，发生过土地流转的农户占 61%，主要集中在 SH 村、MJ 村、DJ 村，其中 SH 村和 DJ 村的土地流转率均达到 75% 以上，SH 村土地流转主要集中在村北和村东，方式为村委会与农业合作社合作进行反租倒包与村委会集体经济项目，如养牛场、养虾池、蔬菜大棚等。DJ 村土地确权完成了 85%，主要进行反租倒包形式进行土地流转，其中三箭集团承包了 260 多亩，果树种植合作社承包了 100 多亩，蔬菜大棚种植 100 多亩。每亩土地按照当年的小麦保护价折合成 1100 斤小麦的现金补贴给农户。MJ 村的土地流转达到了 90% 以上，方式也是反租倒包，主要的合作对象是旭丰农业公司。而 BJ 村的土地流转率则在 60% 左右，原因是受地形限制，村西山地多，交通、灌溉不便，土地流转主要以村民私人承包为主，村东山地少、平地多，土地流转比较充分，且价格较高。未发生过土地流转的村民占 39%，主要集中在 DL 村、GD 村、SJ 村，这三个村均没有进行大规模土地流转，村里现行的土地流转也主要为村里集体经济项目、农户之间的私人承包、互换及租赁。三个村庄大部分土地都已办理确权，但由于自身条件及没有找到合适的项目，所以并未向其他村庄一样进行大规模反租倒包。

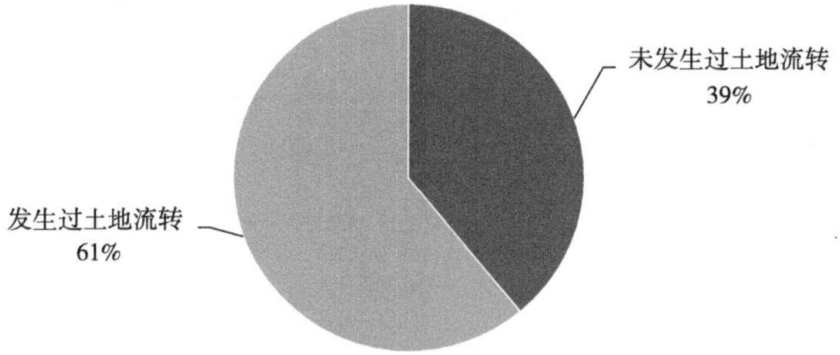

图 4–8　贫困农户土地流转情况

（2）对土地流转的期望收益

在对土地流转期望值的调查中，23% 的农户期望收益在每亩地 800 元 ~1000 元之间，他们主要集中在 DL 村和 SH 村。SH 村已经进行了土地流转，且土地流转价格明显高于村民的预期收益，因此对土地流转比较满意。而 DL 村由于地理位置、交通状况、土地条件都不是很优越，因此农户们对土地流转的预期收益集中在每亩地 800 元到 1000 元之间。同时，65% 的农户期望收益在每亩地 1100 元 ~ 1600 元之间，这些农户主要集中在 MJ 村和 DJ 村等土地流转做得较好的村庄。剩余 22% 则主要集中在 BJ 村，他们的期望值为每亩地 5500 元以上，原因是当地土地肥沃，资源较优越，主要种植蔬菜水果等高经济农作物，因此对土地流转的期望值较高。

（3）不愿意土地流转的原因

在对不愿意进行土地流转的农户的调查中发现，有 83 份问卷中农户表示之所以不愿意进行土地流转主要是因为商家开出的条件无法满足自己的预期，这些数据主要集中在 GD 村、吕家村，村里已办理完土地确权以后有农业公司前来找过村委会，但最终因为价格问题没有达成共识，所以合作没有成功。而有 51 户表示没有承包商进行联系过，这些用户主要集中在 SJ 村和 BJ 村村西，两村土地都已办理确权，但将本村土地信息挂上县农业网几个月来一直没有收到流转的好项目，其中 SJ 村是因为办理确权时间晚，现还在等待阶段，而 BJ 村村西是由于自身条件问题较差。除此以外，还有 36 户农户担心承包结束以后土地归属权的问题，一方面害怕村委会和承包商勾结，另一方面害怕二轮承包结束后政策有变，导致承包商在承包结束后不返还土地。值得注意的是 27 户农户之所以不流转是害怕承包商不好好经营土地，如：MJ 村村民表示已承包土地杂草丛生，粮食产量减少。但旭丰农业公司负责人表示，这是因为该公司主打有机无公害黄河大米，因此土地很少施放农药，虽然粮食产量有减少，但创造的经济价值还是有所提高。在一些农户中比较普遍的选项是“没有其他收入来源”，他们表示以自身条件已无法外出打工，若土地流转以后自己的就业就会成为很大的问题。

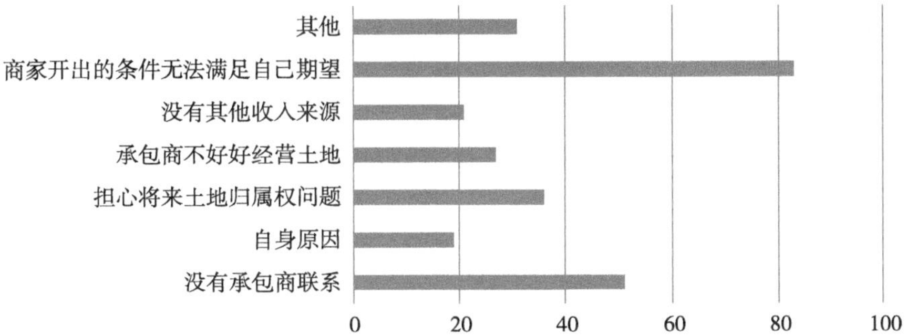

图 4–9　贫困农户不愿意土地流转的原因

注：此问卷问题为多项选择题。

4.4.3 贫困农户土地流转的现状分析

（1）土地流转进程进一步加快

在 20 世纪 90 年代之前，全国土地流转的发生率一直都很低，全国只有不到1%的土地流转出去，大部分农民依然是遵照传统的耕种模式，自己耕种自己的土地。近年来，随着农业现代化的推进和农业结构的调整，农村土地流转规模不断扩大，速度不断加快。从团队调研的村子来看，济阳县MJ村流转较早，今年，济阳县DJ村，商河县DL村也都开始寻找土地承包商，推行土地流转。

（2）土地流转方式更加多样化

当前农地流转以转包出租为主，流转方式不断向多样化发展。并且，土地流转方式因地区而异，在长久的发展中，不同的地区，不同的农业形式催生出不同的土地流转方式。

（3）土地流转主体趋向多元化

土地流转最初多在农户之间进行，但随着一批工商企业、农业产业化企业、农业专业合作组织进入到农业经营中去，使得大量资本涌入农地，当前中国在农户之间流转的农地面积占农地总面积的63.9%，承包给企业和其他主体的流转农地占农地总面积的36.1%。团队所调研的村子例如济阳县DJ村、商河县沙河乡SH村也都由过去农户之间的土地流转转变为承包给企业、农业合作组织等。

4.4.4 贫困农户土地流转存在的问题

（1）农民思想观念过于传统

农民对土地流转的认识不足，大部分农民认为有土地就有安全感就有生活保障，土地是他们赖以生存的基础。所以他们把农村的土地当作工作的退路，生活的最后保障，不愿意放弃农村土地。例如我们在采访SH村一位村民时他说道："我不愿意把土地租出去，如果我打不到工，我还可以种地，总比租出土地收入多。"此外，他们对土地流转政策理解不到位，信息不灵，不敢和租户签订长期的土地流转合同，担心会带来经济损失。这些传统的思想观念都制约了农村土地流转的发展。

（2）土地流转过程不太规范

虽然国家有相关的法律规范土地流转，但很多农民法律意识不强，土地流转方式随意性强，导致很多土地以口头协议的形式转让，口头转让仅仅依靠农民之间的信任，没有约束，没有法律效力，很容易出现矛盾。例如，SJ 村的一位村民与邻居间转让土地时，只是口头说明没有书面合同，导致后来出现了邻里矛盾。即使，部分村民签订了合同，但是合同制定不符合规范，没有明确权利与义务，对于农户租户农业公司等各方的利益分配不明确，流转手续不完善，也没有违约说明，更没有经过相关部门的审批，极易出现流转纠纷。加之，虽然法律规定不得将农用土地用于非农建设，但在利益的驱使下，仍然有部分企业不顾法律改变农用土地的用途。

（3）土地流转难以集中成片

土地流转一般是用于发展现代农业，要想发挥现代农业机械化发展的优势，减少农业发展的成本，要求土地必须能够集中成片。然而现阶段土地流转的条件不成熟。一是目前流转的土地偏少，大部分是农民与农民之间小部分、小范围的流转。另一方面，农民对土地流转有顾虑，由于一片土地中部分农户不愿意将土地流转，使土地不能集中成片，难以体现土地流转价值，阻碍了土地流转最大化的实现，制约了规模化种植及土地流转的发展。以 MJ 村为例，有一位 MJ 村村民不愿意将自己的土地流转，导致可流转的土地不能集中成片，经过王书记费尽周折的多次劝说后，MJ 村村民的全部土地才得以顺利流转。

（4）缺少土地流转中介组织

很多农民想把闲置土地流转出去却找不到流转需求者，相反土地需求者找闲置的土地也很困难。供求方和需求方的流转信息传播渠道不畅通，严重阻碍了土地流转的发展。例如GD村的大部分村民想把土地流转出去，但是却找不到可以流转的对象，如果有合适的土地流转中介就能有效解决这个问题。虽然有部分地区已经建立了中介组织，但都处于起步阶段，土地的评估机制很不完善，相关的法律、行政、经济体系也不健全。

（5）土地流转监管不太完备

一方面，各地土地流转监管人员参差不齐，工作不到位。虽然有关土地流转的法律规定乡镇政府和县级农业部门负责土地流转的管理，但是目前政府相关部门缺乏有关管理土地流转的资金，完善土地流转监管体系有很大难度，政府对土地流转的管理工作仅仅停留在对土地流转纠纷的调节上。甚至，有些地方部门或者村委会为了收取利益，会与不规范的农业公司签订合同，损害农民的利益。另一方面各地对土地流转监管的政策措施不完备，导致出现土地流转纠纷，损害了农民的利益。

（6）农业公司融资比较困难

农业合作社或者农业公司在建设初期需要大量的资金支持。而政府一般是在公司有了经营成果后才给予政策性资金支持，而一般的农业合作社和农业公司都不能支付如此巨大的费用，只能通过借款甚至是高息的民间借贷来发展农业，增大了农业公司的经营成本，影响了农业的持续发展。例如旭丰农业公司的经理就提到，一般的企业很难开展这个项目，因为初期投入很大融资比较困难。

4.4.5 典型调研村庄案例分析

（1）DL村

山东省济南市SH县沙河乡DL村，是省级贫困村。村委5人，党员

15 人。2014 年精准扶贫工作开展以前，DL 村经济滞后，人均收入不足 5000 元且无集体经济收入，村内共有 452 人，根据上级规定扶贫标准确定村中共有贫困户 71 户共 298 人，占全村人口的 65.9%。此外村内基础设施落后，建村以来就缺乏规划，房屋、道路布局十分混乱，土地利用率非常低，房屋间空地资源浪费严重。老屋远离大路，年轻人不愿意去翻修新建反而多选择在村子外围建新屋，导致村内老屋荒废，土地浪费，加上村外建的新屋，大量的占用了土地资源。

2014 年，DL 村被上级认定为省级贫困村，同年 9 月，由济南市旧投集团派出人员担任 DL 村第一书记，先后投入 366.52 万元，并通过专项扶贫、行业扶贫、产业扶贫，实施了村庄五化、产业发展、文明建设等二大工程，一方面，整治了村内混乱的交通问题，完善了基础建设，通路、通电、通自来水、通广播电视、通信息、建办公场所、建卫生医疗站等，使村容村貌发生了较大的变化。另一方面，通过利用政府提供的专项扶贫资金发展集体经济，开办扶贫致富集体项目，如养虾池、养牛场、坑塘改造等。两年以来，村内的脱贫增收项目效益明显，村内街道宽敞平整，公共设施一应俱全，脱贫效果显著，通过扶贫项目补助再加上养老保险、低保、老人钱的补贴，村内 2014 年原有贫困户 81 户，到 2015 年减少到 53 户，2016 年年底完全可以实现彻底脱贫的目标。

截至 2016 年 7 月，已办理确权的土地共 829.4 亩（实际土地达 1100 多亩），但土地确权证未向村民发放，原因是此前村委会领导班子丈量土地时出现疏忽，导致在册土地数远少于真实土地数，目前剩余土地的核实及确权办理还在与有关部门协商。目前，DL 村还未进行大规模的土地流转，此前有合作社与村民进行过接触，想进行反租倒包，但最终项目没有谈成，其主要原因除了土地确权的办理存在问题以外，还因为 DL 村村民无法接受合作社外打工的占 74%，其余在家务农，且其年龄多为 55 周岁以上。村民们在此之前了解过土地开出的条件。本次调研一共发放 60 份调查问卷，其中有效调查问卷为 52 份。村民家庭劳动力为 3 人及 3 人以上的占 9%，2 人的占 64%，1 人及 1 人以下的占 27%，其中在流转相关信息的占比 63%，剩余 18% 多为 65 周岁以上老人。曾经进行过小规模土地流转的村民占 16%，其中流转方式口头协议占 60%，签订合同占 40%，流转对象为亲戚朋友的占 39%，同村村民为 61%，流转报酬为每亩地 200 元左右的占 62%，不要报酬的占 27%，其余为 400 元左右。此外，对土地流转接受程度的调查中发现，接受土地流转的村民占 73%，不接受的占 27%。在土地流转的原因中，进城务工的占 42%，政府原因的占 34%，认为土地流转不划算的占 7%，其余占 17%。土地流转的价钱，72% 村民认为应当每亩地 800 元左右，14% 认为价钱无所谓，有人要就能接受，8% 认为 1200 元左右，6% 认为 1600 元左右才能接受。

通过分析不难发现：① DL 村村委会此前对村民做过有关土地流转的政策引导，且有一定的收效。②部分村民此前进行过小规模的的土地流转，但收效甚低，且流转方式不规范，易造成土地纠纷。③大多数村民对土地流转持接受意见，认为在 800 元及以上的价位就可以接受流转。④村民们愿意进行土地流转的原因主要是因为他们认为通过土地流转可以解放家里劳动力，以更好地从事二、三产业创造经济效益，而以老弱病残为主体构成的贫困户则认为，通过土地流转可以在减轻自己的劳动负担的同时增收。

（2）SH 村

山东省济南市 SH 县 SH 村位于 SH 县城东 20 公里，SH 村是 2014 年上级指定的省级贫困村，且为乡镇驻地，截止到 2016 年，精准扶贫已经进入了第三年，村里基础建设完善，交通便利、有良好的生态自然环境。全村土地共有 2984.2 亩，村里成立了农村合作社平台（村民 + 企业），采用反租倒包的方法流转土地，已流转 1690 多亩土地，占比 80%。流转的土地主要集中在村子东边和北边，而村子南部和西部的土地流转程度较低。

SH 村从 2014 年开始，通过上级专项扶贫资金的帮扶，村里一方面进行基础建设，另一方面积极对外寻求土地流转的合作项目，还开办了新的养牛场和养虾池，项目利润的 30% 将直接补贴给贫困户；村里土地进行流转后主要用于种植苜蓿，为村内新建的养牛场提供优质饲料，每亩按照国家保护价补贴价值 1000 斤小麦的现金进行补偿。另外，SH 县还向本村贫困户免费发放共计 213 只肉食羊种羊，没有劳动能力的村民可以让其他村民代养，养成之后由政府收购，不愁销路，村民的肉食羊养殖如果亏损，也会得到政府的财政资金补贴。得益于村子里多项精准的扶贫措施，本村的脱贫工作成绩卓著，村子里的贫困户数目在 2014 年由 217 户（全村共 567 户村民）减少到 2015 年的 141 户。

相对 DL 村而言，SH 村土地流转进行的充分，一方面得益于 SH 村是镇驻地这一便捷的地理优势，周边交通状况优质，有一定的商业氛围，信息接收也比较充分，有利于招商引资。另一方面，SH 村土地平整、肥沃，有利于大规模机械化生产。

本次调研通过采访村委会主任和向村民发放调查问卷的方式，共向 120 户村民发放了调查问卷，占全部村民的 26%，回收有效调查问卷 102 份，数据显示：受访农户中土地全部流转的占 52%，部分流转的占 20%，没有进行过的占 28%，其中大多集中于村南和村西；进行过土地流转的农户中有 74% 是通过反租倒包形式流转，8% 是土地出让，7% 是土地出租，7% 是承包土地，还有 4% 是土地互换；65% 农户表示对土地流转满意，35% 认为不满意；对土地流转的看法中，43% 认为通过土地流转，可以解放家庭劳动力外出打工、从事二、三产业增收，22% 认为土地通过流转以后可以在分担自己的劳动压力的同时，不会减少自己的农地收入，16% 认为土地流转以后，承包商不好好经营土地，造成严重的环境问题，15% 认为土地流转会使自己的收入减少，4% 认为土地流转以后自己赋闲在家，生活单调。

通过调研发现：① SH 村地理条件优越，土地流转整体做得比较好，大多农户是通过反租倒包的方式进行流转的；②关于土地流转，村里出现两种声音，一方认为土地流转好，主要集中在村子的村东和村北，而另一方认为土地流转不好，只有部分村民进行了土地流转，主要集中在村西和村南；③走访村民的过程中，我们听闻养牛场产生的大量牛粪不经处理便直接堆放在河边的树林里，周围有树木死亡，土地也被污染，这件事也经我们的实地考察得到证实。土地遭污染，加上流转土地后，工程建设占用大量农地，这成为部分未进行土地流转的村民对土地流转抱有怀疑态度，他们担心自己的土地流转后用途究竟会如何，担心一轮土地流转过后，万一企业离开村子，那么农地的恢复是否会得到政府帮助，这中间会不会给自己造成巨大的损失；④已经进行土地流转的贫困户表示，通过土地流转（私人土地流转和村里集体项目）确实实现了增收的目的。⑤ 20% 农户只做了部分土地流转，其余还由自己耕种，其原因在于一方面未流转地方偏，水利条件不好，无法大规模种植，另一方面是担心所有土地流转出去以后自己赋闲在家生活无聊。

（3）GD 村

山东省济南市 JY 县 GD 村是市级贫困村，紧邻黄河，水利条件优越，但整体土地分散，难以适宜成片大规模机械化种植。该村土地流转进度不尽如人意，仅仅停留在私人小规模土地承包，此前有承包商与村委会进行过联系，承包商和村委会以土地为抵押，以农户的名义，每户贷款 16 万，用于合作社建设，遭到群众反对，项目终止。村中集体经济项目是鱼塘承包。

由于交通不便与天气状况糟糕，在到达 GD 村时已经是下午四点，并且没有找到村里干部，因此对 GD 村的调研仅仅采取了向村民发放调查问卷的方式，调研数据如图 4-10：进行过土地流转的农户占 14%，未进行土地流转的占 86%。土地流转方式中转包占 38%，出租占 21%，土地互换占 23%，土地出让占 18%。流转对象是本村村民的占 64%，亲朋好友占 17%，其他村民占 19%。愿意土地流转的占 17%，不愿意土地流转的占 83%，不愿意土地流转的原因中，认为承包商开出的条件不好并且对其缺乏信任占 54%，17% 认为承包商无法好好经营土地，导致荒草丛生，21% 认为承包过程信息不透明，会造成自己利益受损，还有 8% 认为土地流转会使自己处于待业状态，没有依靠。

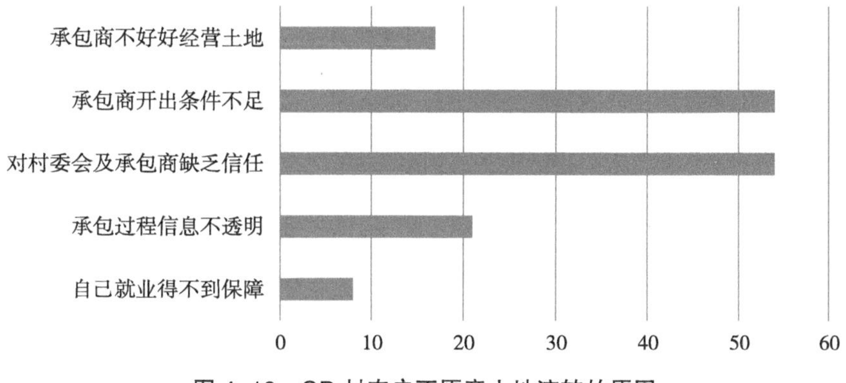

图 4-10　GD 村农户不愿意土地流转的原因

通过调研发现：GD 村紧邻黄河，灌溉条件优越，土地流转进度反而不如人意。因此，在土地流转和精准扶贫的进程中，更应该注意努力做到因村派人落实扶贫工作，更应该注意发挥基层干部的积极性，更应该努力发挥乡镇政府在土地流转招商方面的纽带作用，多多“牵线搭桥”。另外，还要注意加强对普通村民的政策宣传，加强企业、村委、村民的对话，加强对土地流转过程的规范和监督。

（4）MJ 村

山东省济南市 JY 县 MJ 村是市级贫困村，东临黄河，土地肥沃，人均占有土地 1.2 亩。MJ 村土地流转做得很彻底，村中 90% 以上的农户都完成了土地流转，尤其是在 2015 年与旭丰农业公司形成了合作关系，已经承包的土地达 800 多亩，每亩地的承包价为 1100 斤小麦的国家当年规定的小麦保底价，承包期限到 2029 年止。

村子里的农田水利、道路硬化等配套设施有专项资金精准支持，已经取得了巨大的成果。对低洼地进行流转和坑塘工程整治，发展水产养殖，这提高了对土地资源的利用率和单位土地经济产出，同时对农村环境美化、涵养水源、减少旱涝灾害发生具有重大意义，建成后可蓄水 2.7 万方，灌溉农田 270 亩。截止到 2015 年底，本村还剩 111 户贫困户未完成脱贫，目标到 2016 年底全部脱贫，每个贫困农户都有一到两人专任帮扶责任人，脱贫措施有光伏发电、种植扶贫、政府兜底、孤寡残疾特殊户救助为主，仅有 1 户尚有务工的能力，每户至少在一项扶贫措施中受益，大多数从 2 到 3 项扶贫政策中受益。特别是，村书记对按期完成脱贫目标充满信心。

本次调研以农民为主要的调查对象，共发放调查问卷 100 份，回收有效调查问卷 87 份，调查数据如图 4–11：完成土地流转的农户占 90%，准备流转但还未流转的占 6%，其余 4% 是不想进行土地流转。土地流转的方式中，反租倒包占 82%，土地互换占 8%，土地承包占 10%。在对当前土地流转的满意度调查中，满意的占 87%，不满意的占 13%。其中不满意的原因如图 4–12 所示：43% 农户认为承包商不好好经营土地，导致地里荒草遍生，33% 农户认为承包商无法提供足够的工作岗位，导致土地流转以后自己无事可做，19% 农户认为承包商只承包好地，却对较次的孬地不理不问，还有 5% 的农户认为承包商新建的厂房会污染环境。

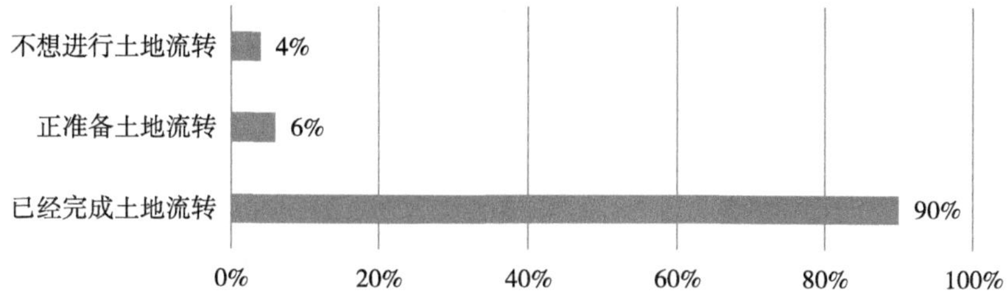

图 4-11　MJ 村农户土地流转完成情况

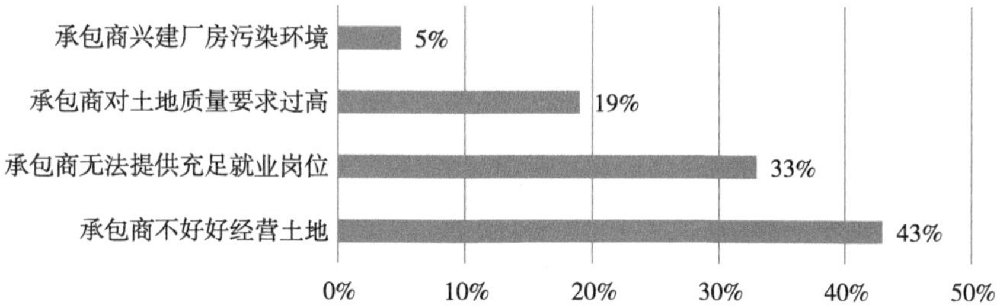

图 4-12　MJ 村农户对土地流转不满意的原因

通过调研发现：① MJ 村整体土地流转做得颇有成效，是济阳街道的土地流转示范村之一，村里与旭丰农业公司形成了长期合作关系，村里 90% 以上土地已经完成了土地流转，剩余土地的流转事项也正在接洽中并且旭丰农业公司已在 MJ 村完成了公司场地建设工作，2016 年下半年搬迁进去，届时会提供更多工作岗位。② MJ 村大多数农民对本村土地流转比较满意，主要因为土地流转的价格较高，每亩地预计每年能达到 1200 元左右。③针对调查中提到的农户不满意的原因，我们咨询了旭丰农业公司的负责人，他说农田里之所以草多是因为该公司主打有机黄河大米，少施或者不施农药才会导致地里草多。而工作岗位的问题，一方面他表示在厂房修建好以后会提供更多工作岗位，另一方面也鼓励农民进城务工。至于只征好地是因为旭丰农业公司认为有些地由于地理位置或水利条件的原因不利于进行大规模、机械化种植，这个问题村委会书记表示正在和公司进行协商。④ MJ 村在扶贫工作开始以后，兴修水利、通路盖房，扶贫效果显著。

（5）BJ 村

山东省青岛市 BJ 村紧邻崂山，交通便利、基础设施较为完善，村里主要种植蔬菜水果等高价值经济作物，东边农地大多以平地为主，土壤肥沃且呈块状集中，土地流转进行相对充分，八成以上土地办理了土地确权并通过反租倒包进行了流转，承包商为当地农村合作社，据村民反馈每亩地承包价为 6000 元左右。而西边农地以山地为主，土地分布比较零散，灌溉不利，交通不便，因此土地虽然已经办理确权，但土地均未进行统一流转，部分流转也仅仅局限在村民之间的土地承包租赁。

由于天气、地理、时间等因素限制，团队成员到达 BJ 村后，并没有联系到村委会，因此只对村民进行了调研走访，在村里共发放了 60 份调查问卷，有效调查问卷为 51 份。取得如下数据：

村里进行过土地流转的村民占 54%，未进行过土地流转的村民占 46%。土地流转的方式中，个人承包占 7%，转包占 12%，反租倒包占 81%。愿意土地流转的占 87%，不愿意流转的占 13%。流转以后，认为农业收入减少的占 30%，与流转前差不多的占 32%，认为比流转前多的占 38%。此前了解过土地流转信息的占 83%。土地类型是山地的占 57%，平地占 43%。家庭中有外出打工的占 90%，没有外出打工的家庭仅占 10%。对土地流转的期望中，每亩地 4500 元左右的占 5%，5000 元左右的占 10%，6000 元左右的占 65%，7500 元左右的占 12%，8000 元及以上的占 8%。最后在对土地流转满意度的调查中，认为基本满意的占 89%，没什么差别的占 7%，认为土地流转对其不利的占 4%。

通过调研发现：① BJ 村东边山地少、平地多，土地状况好，交通便利，承包商和合作社有较高的意愿与诚意进行土地承包。西边山地多，交通不便利、灌溉不利，农业合作社很难进行大规模机械化种植，不愿意进行承包，村里很难找到合适的项目进行转包。②在了解土地流转项目的利弊后 87% 的村民都比较愿意接受土地流转项目，认为土地流转了以后富余出的劳动力如果条件允许，可以外出打工。对于条件不允许的，可以赋闲在家丰富闲余生活。部分不愿意土地流转的村民认为自己出去打工年龄偏大，赋闲在家不劳动不习惯，多年来已经习惯了种地，也害怕土地流转以后自己找不到工作，收入会减少，因此不愿意将土地转包。③ BJ 村和其他村最大的差别是，BJ 村种植的作物大多数为经济价值较高的经济作物，因此每亩地的流转价格普遍高于其他村庄。④由于村里土地的状况不一及相关合作社素质不一，土地流转项目很难做到“雨露均沾”，部分村庄补贴力度大，部分村庄补贴力度小。

第5章　农户土地流转影响因素分析

5.1 农户土地流转影响因素分析

目前，学者们对农地流转影响因素的研究分为三个层面：即宏观、中观以及微观层面。宏观层面主要包括土地产权制度安排、惠农政策和农村保障等。马贤磊等（2015），利用江苏、湖北、广西和黑龙江四省（区）农户调查数据实证分析得出结论，认为农地产权安全性会形成生产性效应、交易价格效应和交易成本效应，进而影响农户土地流转行为。孙海兵和张安录（2006）认为政府农业税费减免与粮食直接补贴等政策的推动在短期内对农户农村土地流转没有显著影响。然而，部分学者认为政府对农业支持是土地交易市场化最重要的影响因素（陈仲常等，2014）。值得强调的是，罗必良等（2012）研究发现政府扶农政策与土地流转政策的目标冲突，抑制了农户土地承包经营权退出的意愿倾向。姚洋（2000）认为农村社会保障的缺失，使平均主义农村土地制度在为农村人口提供社会保障，成为现金型社会保障的一种有效替代。目前，部分研究指出，我国农村社会保障对农户土地流转意愿的影响已接近最优水平的结论（许恒周等，2011；沈建新，2015；Wang et al.，2015）。

中观层面的影响因素则包括劳动力市场发育、交易费用、基础设施建设等。许多学者研究发现劳动力市场发育，对农村土地流转产生积极的影响（James，2002；Forbord et al.，2014）。然而，江淑斌等（2014）的研究指出大量青壮年劳动力转移，使农业劳动力老龄化和女性化，在一定程度上也抑制了农户间的土地流转。罗必良等（2012）研究指出农户的产权行为能力对其土地流转的行为选择，具有重要的决定作用。认为农户对交易费用认知程度越高，越不倾向于转出土地。诸培新等（2011）的研究指出政府对土地流转市场中的基础设施建设对土地流转具有重要影响。因此，政府完善其在土地流转市场中的职能，可以对农户土地流转起到促进作用（Ito et al.，2016）。

微观层面的影响因素则主要包括个体层面和家庭层面。个体层面的影响因素主要包括年龄、受教育程度、婚姻状况等因素（李成友等，2014；陈飞和翟伟娟，2015；李成友等，2020）。不同的学者得出了不同的结论。譬如：陈美球等（2011）得出外出打工者的文化程度越高、年龄越低、打工经济收入越高，则其承包耕地流转的意愿越强。陈仲常等（2014）发现农民的婚姻状况等因素对其土地转出参与意愿有负向影响，农民的文化程度等因素对其土地转出意愿有正向影响。家庭层面的影响因素则主要包括家庭劳动力平均年龄、家庭抚养比例、家庭支出等因素（Feng et al.，2010；冷智花等，2015）。

5.1.1 变量选择

本研究基于上述文献及前文的分析，选取个体层面因素包括：户主年龄，户主受教育程度；家庭层面因素包括：是否有成员参与农业培训，是否有成员参与非农培训，是否参与养老保险，非农收入所占比重，年末生产性固定资产原值，是否受信贷约束等；家庭劳动力特征因素包括：家庭拥有劳动力人数，家庭成员外出务工时间；村级特征因素包括：所在村是否位于平原，所在村离码头或车站的距离；土地特征因素包括：年末实际经营土地面积，土地租赁价格；社会网络特征变量：是否在亲友之间发生流转，年均礼金支出总额。

王亚辉等（2017）基于 CHIP2013 的数据分析发现，劳动力年龄对土地流转有抑制作用，认为老年劳动力比重较高的家庭土地流转概率显著偏低；而青年和中年劳动力比重较高的家庭土地流转概率显著增大，前者倾向于租出农地，而后者倾向于租入农地。王兴稳和钱忠好（2015）利用江苏、广西、湖北及黑龙江等 4 省区农户调研数据，分别从转入户和转出户视角实证检验教育及培训对土地的影响。研究发现，户主受教育程度对转出土地的作用并不显著，但能显著地促进转入户转入土地；户主及其家庭成员接受过农业培训会抑制土地转出，但能促进土地转入。赵光等（2015）使用 2008 年和 2012 年中国健康与养老追踪调查（CHARLS）的浙江、甘肃两省数据，运用双重差分法（DID）对新型农村养老保险与农户土地流转之间的关系进行实证研究，研究结果表明，新农保的引入对于土地流转无论是在土地转出还是土地转入方面，都存在积极的促进作用。陈奕山和钟甫宁（2017）运用多项 Logit 模型检验长期非农收入对农户转出耕地的影响，发现非农收入长期稳步上升能促使农户稳定转出耕地。张忠明和钱文荣（2014）运用有序多分类 Logistic 回归分析法分析农用固定资产存量、土地流转制度等对农户土地流转行为的影响，发现农用固定资产专用性和固定性导致其交易性较低，从而使得农户更多选择自用，从而降低土地流转水平。侯建昀和霍学喜（2016）研究发现，我国广泛存在的金融排斥推高了流动性资本的影子价格，导致农地流转的潜在发生率远低于完全市场下的流转水平，而信贷可得性能够显著促进农户的土地流转，并且该促进作用在土地流入规模方面更为显著。

吴巍和张安录（2016）基于河南省 16 个乡（镇）的土地流转调查数据，运用 Tobit 模型分析了家庭劳动力人数、家庭劳动力中纯务农比例、年末实际承包土地面积、流转土地租赁价格等因素对土地流转的影响，研究结果表明家庭劳动力人口抑制土地流出，认为家庭劳动力人数越多，农户越倾向于自己耕种土地；家庭劳动力中纯务农比例同样能够抑制土地流出，认为家庭劳动力中纯务农比例越高说明农户对务农收入依赖度越高，越倾向于自己耕种土地；年末拥有承包土地面积对土地流转的影响同样为负，农户拥有承包土地越多，越倾向于规模经营，越不愿意流转土地；流转土地租赁价格对土地流转的影响显著为正，表明租赁价格越高，农户越倾向于转出土地。陈浩和王佳（2016）利用中国家庭追踪调查数据（CFPS）实证分析非正式社会交往与正式组织参与两类社会资本对土地流转的影响，研究结果表明礼金支出越高，与邻居、亲朋交往越频繁，有族谱或家谱的农户租出土地的概率越高，但这类“强关系”对土地租入的影响不显著；参与正式组织的农户，更倾向于租入土地。但是，钱龙和钱文荣（2017）基于中国家庭追踪调查数据（CFPS），实证分析农户社会资本对其土地流转行为的影响时，发现社会资本没有有效促进农户的土地转出或转入，也不影响农户的参与程度。

表 5-1 给出了本部分解释变量和被解释变量，并对每一个变量都做了必要的解释和说明。本部分被解释变量包括两个：一是是否转包入土地，二是是否转包出土地，均使用虚拟变量表示。解释变量中，是否有成员参与农业培训、是否有成员参与非农培训、是否参与养老保险为虚拟变量，家庭成员外出务工时间单位为天 / 年，年末生产性固定资产原值单位为元，其他解释变量单位具体情况请查看表 5-1。

表 5-1　主要变量及其说明解释

变量	变量符号	含义	说明
被解释变量	R_{in}	是否转包入土地	1 是，0 否
	R_{out}	是否转包出土地	1 是，0 否
解释变量	AGE	户主年龄	周岁
	EDU	户主受教育程度	年
	ATR	是否有成员参与农业培训	1 是，0 否
	NAT	是否有成员参与非农培训	1 是，0 否
	INS	是否参与养老保险	1 是，0 否

续表

变量	变量符号	含义	说明
	TRA	非农收入所占比重	—
	POP	家庭拥有劳动力人数	人 / 户
	TIM	家庭成员外出务工时间	天 / 年
	ARE	年末实际经营土地面积	亩
	PRO	年末生产性固定资产原值	元
	CRE	是否受到信贷约束	1 是，0 否
	REL	是否在亲友之间发生流转	1 是，0 否
	LIJ	年均礼金支出总额	元
	PLA	所在村是否位于平原	1 是，0 否
	GON	所在村离码头或车站的距离	公里
	REN	土地租赁价格	元 / 亩

注：① CRE 代表农户是否受到信贷约束，可以通过部分可观测的 Biprobit 模型进行估计得出；② REN 代表土地流转价格（元 / 亩），本研究统一为亩均租入价格。

5.1.2 模型构建

本研究将自身土地规模分为 3 个层次：土地规模过剩、土地规模适中和土地规模不足。其对应的土地流转决策依次为：转包出土地、不参与土地流转和转包入土地。这样土地流转决策可看作一种内生性的选择。

半参数排序选择模型为识别和评价农户土地流转决策的影响因素提供了合适的方法。运用半参数排序选择模型，既能考察土地流转决策的内生性，也能去除模型误设而引起的估计偏误。首先我们建立排序选择模型：

假设 $d_i^* = X_i'\beta + \varepsilon_i (i = 1, ..., N)$ ，其中 X 表示外生解释变量，β 表示估计参数，误差项 ε 的分布函数为 F；d_i^* 表示农户流转租赁（转包入或转包出）面积的潜变量（Latent variable），并且是有序的，依次为转包出土地（土地规模过剩）、不参与流转（土地规模适中）和转包入土地（土地规模不足）；d_i 表示农户土地流转决策的决策变量，d_i 与 d_i^* 的关系可如下式所示：

$$d_i=\begin{cases}-1 & if \quad d_i^*<a_1\\ 0 & if \quad a_1\leqslant d_i^*<a_2\\ 1 & if \quad a_2\leqslant d_i^*\end{cases} \tag{5-1}$$

这样 d_i^* 的取值范围（$-\infty,\infty$）可被分为 3 个互不相交的区间，且 d_i^* 落在 3 个区间内中的一个，d_i 表示 d_i^* 落在某个区间内时的取值，且为若干个离散值（-1,0,1）中的一个（仅为标准化要求，也可以是其他有序数字），其中，$d_i=-1$ 表示转包出土地，$d_i=0$ 表示不参与土地流转，$d_i=1$ 表示转包入土地；a_1，a_2 为分割点参数。对于 d_i 取值概率的估计如下所示：

$$\begin{cases}p(d_i=-1)=p(X_i^{/}\beta+\varepsilon_i\leqslant a_1)=p(\varepsilon_i<a_1-X_i^{/}\beta)\\ p(d_i=0)=p(a_1\leqslant X_i^{/}\beta+\varepsilon_i<a_2)=p(a_1-X_i^{/}\beta\leqslant\varepsilon_i<a_2-X_i^{/}\beta)\\ p(d_i=1)=p(a_2\leqslant X_i^{/}\beta+\varepsilon_i)=p(\varepsilon_i\geqslant a_2-X_i^{/}\beta)=1\text{-}p(\varepsilon_i<a_2-X_i^{/}\beta)\end{cases} \tag{5-2}$$

由于误差项 ε 的分布函数为 F，等式（5–2）可写为：

$$\begin{cases}p(d_i=-1)=F(\varepsilon_i<a_1-X_i^{/}\beta)\\ p(d_i=0)=F(a_2-X_i^{/}\beta)\text{-}F(a_1-X_i^{/}\beta)\\ p(d_i=1)=1-F(\varepsilon_i<a_2-X_i^{/}\beta)\end{cases} \tag{5-3}$$

由此我们写出排序选择模型的对数似然函数：

$$L(\beta;a_1,a_2)=\sum_{i=1}^{N}\{I(d_i=-1)\ln[p(d_i=-1)]+I(d_i=0)\ln[p(d_i=0)]+ I(d_i=1)\ln[P(d_i=1)]\} \tag{5-4}$$

一般的，我们假设 $\varepsilon_i\sim N(0,1)$，则式（5–3）中 F 可用 Φ（Φ 表示标准正态分布函数）表示，由式（5–4）即可得基于参数模型（β,a_1,a_2）的 MLE。但是，误差项服从正态分布的假设较强，一般情形下并不符合要求从而引起模型误设，估计结果容易出现偏误。

Stewart（2004）给出了半参数情形的半参数排序选择模型的估计步骤及程序，可以得到半参数情形时参数的 MLE。下面我们予以简单介绍。假设误差项 ε 的密度函数为 f（满足积分值为 1，非负性等正则化要求），且 f 的近似函数为式（5-5）：

$$f_K(\varepsilon)=\frac{1}{\theta}\left(\sum_{k=0}^{K}\gamma_k\varepsilon^k\right)^2\varphi(\varepsilon) \tag{5-5}$$

其中：$\theta=\int_{-\infty}^{\infty}\left(\sum_{k=0}^{K}\gamma_k\varepsilon^k\right)^2\varphi(\varepsilon)\,d\varepsilon$，为满足正则化要求，假设 $\gamma_0=1$，这时分布函数即为式（5-6）：

$$F_K(u)=\int_{-\infty}^{u}\left(\sum_{k=0}^{K}\gamma_k\varepsilon^k\right)^2\varphi(\varepsilon)\,d\varepsilon\Big/\int_{-\infty}^{\infty}\left(\sum_{k=0}^{K}\gamma_k\varepsilon^k\right)^2\varphi(\varepsilon)\,d\varepsilon \tag{5-6}$$

如此根据 K 的增加我们可以得到一系列半参数（Semi-nonparametric，SNP）分布函数，K 值的选取在模型估计中进行选择，且等式（5-5）可以重写为式（5-7）：

$$f_K(\varepsilon)=\frac{1}{\theta}\sum_{k=0}^{2K}\gamma_k^*\varepsilon^k\varphi(\varepsilon) \tag{5-7}$$

其中：$\gamma_k^*=\sum_{i=a_k}^{b_K}\gamma_i\gamma_{k-i}$，$a_k=\max(0,k-K)$，$b_k=\max(k,K)$；θ 的作用在于正则化密度函数，即有式（5-8）：

$$\theta=\int_{-\infty}^{\infty}\sum_{k=0}^{2K}\gamma_k^*\varepsilon^k\varphi(\varepsilon)\,d\varepsilon=\sum_{k=0}^{2K}\gamma_k^*\mu_k \tag{5-8}$$

其中：μ_k 为标准正态分布函数的 k 阶矩。鉴于 $\gamma_0^*=\gamma_0^2=1$，k 为奇数时 $\mu_k=0$，则式（5-8）可写为：$\theta=1+\sum_{k=0}^{K}\gamma_{2k}^*\mu_{2k}$。因此，式（5-6）中 F 可作为半参数模型时的分布函数，可写为式（5-9）：

$$F_K(u)=\frac{1}{\theta}\sum_{k=0}^{2K}\gamma_k^*\int_{-\infty}^{u}\varepsilon^k\varphi(\varepsilon)\,d\varepsilon \tag{5-9}$$

规定：$I_K(\mu)=\int_{-\infty}^{u}\varepsilon^k\varphi(\varepsilon)\,d\varepsilon$，其中：$I_K(u)$ 满足：$I_K(\mu)=(k-1)I_{K-2}(u)-u^{k-1}\varphi(u)$，$I_0(u)=\Phi(u)$，$I_1(u)=-\varphi(u)$；然后定义 $I_K(u)=u_k\Phi(u)-A_k(u)\varphi(u)$，其中有：

$A_K(u)=(k-1)A_{k-2}(u)+u^{k-1}$，且有 $A_0(u)=0$，$A_1(u)=1$。则式（5-9）可写为式（5-10）：

$$F_K(u)=\frac{1}{\theta}\sum_{k=0}^{2K}\gamma_k^*[u_k\Phi(u)-A_k(u)\varphi(u)] \tag{5-10}$$

由此，我们得到半参数模型的分布函数，然后将之代入式（5-4），即可通过半参数模型的伪随机对数似然函数，得到半参数情形时参数的MLE。

同时，Cameron and Trivedi（2005）指出排序选择模型回归系数的大小和统计显著性可以解释潜变量 d_i^* 是否随着回归元而显著增大。一般地说，解释变量系数为正，表示解释变量越大，潜变量 d_i^* 的取值越大，从而决策变量 d_i 处于更高等级的概率也就越大，也就是说农户越容易从参与土地转出到不参与土地流转进而到参与土地转入；解释变量为负，表明解释变量越大，潜变量 d_i^* 的取值越小，从而决策变量 d_i 处于更低等级的概率也就越大，也就是说农户越容易从参与土地转入到不参与土地流转进而到参与土地转出。

5.1.3 估计结果

表 5-2　半参数排序选择模型的估计结果

变量	流转方程（半参数）	
	估计系数	标准差
AGE	0.0115***	0.0037
AGE2	−0.0001*	0.0000
EDU	−0.0209**	0.0124
ATR−1	0.0350*	0.0231
NAT−1	−0.0306*	0.0195
INS−1	−0.1054***	0.0385
TRA−1	−0.0216**	0.0094
POP−1	−0.0023**	0.0011
TIM−1	−0.0041*	0.0025
ARE−1	0.0076	0.0502
PRO−1	0.0571***	0.0178
CRE−1	−0.2032***	0.0651
REL−1	0.2256***	0.0837
LIJ−1	−0.0074**	0.0039
PLA	0.2742***	0.0471
GON	−0.0118	0.0288
REN	−0.0017	0.0073
α_1	2.5046***	1.0049
α_2	5.0582**	2.4407

① ***、**、* 分别表示在 1%、5% 和 10% 的统计水平上显著；② PRO−1、LIJ−1、REN 的单位均为万元；③变量下标表示该变量上一年的值；④ α_1 和 α_2 表示分割点参数。

由表 5-2 可见，户主年龄、上年家庭中是否有成员参与农业培训、上年家庭生产性固定资产原值、上年农户是否在亲友之间发生流转行为、农户所在村是否位于平原对农户土地流转的影响分别在 1% 或 10% 的显著性水平上为正，说明年龄越大、上年有成员参与农业培训、上年生产性固定资产原值越大、上年在亲友之间发生流转行为、农户所在村位于平原的农户越容易从参与土地转包出到不参与土地流转进而到参与土地转包入；反之，则越容易从参与土地转包入到不参与土地流转进而到参与土地转包出。

户主受教育水平、上年是否有成员参与非农培训、上年是否参与养老保险、上年非农收入所占比重、上年家庭拥有劳动力、上年家庭成员外出务工时间、上年是否受到信贷约束、上年礼金支出总额对农户土地流转的影响分别在 1%、5% 或 10% 的显著性水平上为负，说明受教育水平越高、上年有成员参与非农培训、上年参与养老保险、上年非农收入所占比重越大、上年家庭拥有劳动力越多、上年家庭成员外出务工时间越长、上年受到信贷约束、上年礼金支出总额越大的农户越容易从参与土地转包入到不参与土地流转进而到参与土地转包出；反之，则越容易从参与土地转包出到不参与土地流转进而到参与土地转包入。

在控制上述因素不变的情况下，由表 5–2 可知，上年年末实际经营土地面积、所在村离码头或车站的距离、土地流转价格对农户土地流转的影响至少在 10% 的显著水平上不显著，说明这三个变量对农户土地流转的作用不明显。

5.2 土地确权对土地流转影响分析

5.2.1 历史沿革

改革开放以后，国家一直强化对农民土地承包经营权的保护（付江涛等，2016）。20 世纪 80 年代家庭联产承包责任制改革后，我国农村土地承包经营权先后经历了从“15 年不变”到“30 年不变”再到“长久不变”的历史演变。1984 年 1 月 1 日下发的中央一号文件《中共中央关于一九八四年农村工作的通知》强调“继续稳定和完善联产承包责任制，帮助农民在家庭经营的基础上扩大生产规模，提高经济效益”。提出“延长土地承包期，鼓励农民增加投资，培养地力，实行集约经营”。“土地承包期一般应在十五年以上。生产周期长的和开发性的项目，如果树、林木、荒山、荒地等，承包期应当更长一些。在延长承包期以前，群众有调整土地要求的，可以本着‘大稳定，小调整’的原则，经过充分商量，由集体统一调整。”“鼓励土地逐步向种田能手集中”。应该说，1984 年的中央一号文件提出的土地承包期十五年以上的政策，对稳定农户对土地权利的心理预期起到了积极的作用，进一步加强了农户耕种土地的积极性，促进了粮食的稳定增收。（见图 5-1）。

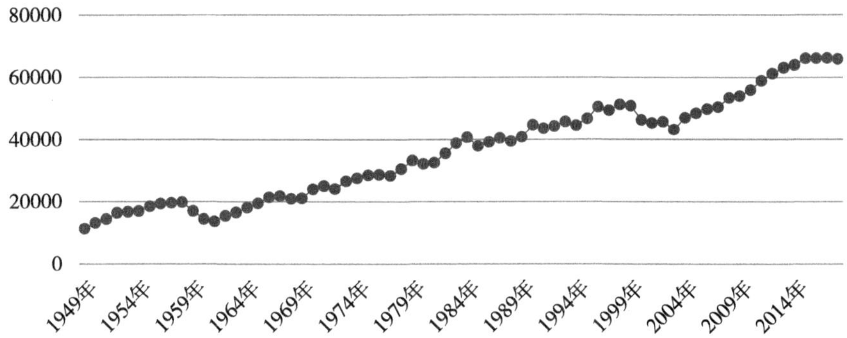

图 5-1　1949—2018 年我国粮食产量

注：数据来源为国家统计局，粮食产量单位为万吨。

到了 20 世纪 90 年代，针对许多地区 15 年土地承包期即将到期的现实情况，1993 年 11 月 5 日，中央公布了《中共中央、国务院关于当前农业和农村经济发展的若干政策措施》，强调“为了稳定土地承包关系，鼓励农民增加投入，提高土地的生产率，在原定的耕地承包期到期之后，再延长三十年不变。开垦荒地、营造林地、治沙改土等从事开发性生产的，承包期可以更长”。而且进一步提出“为避免承包耕地的频繁变动，防止耕地经营规模不断被细分，提倡在承包期内实行‘增人不增地、减人不减地’的办法”。“在坚持土地集体所有和不改变土地用途的前提下，经发包方同意，允许土地的使用权依法有偿转让”。1993 年的中央文件有效解决了第一轮承包期到期后农户承包地的政策走向问题，给农民吃了“定心丸”。

此后，2002 年 8 月（2003 年 3 月 1 日起施行）和 2007 年 3 月（2007 年 10 月 1 日起施行）先后颁布的《中华人民共和国农村土地承包法》（以下简称《土地承包法》）、《中华人民共和国物权法》（以下简称《物权法》），正式从法律层面上确立了农户的土地承包经营权和承包期 30 年不变的政策。《土地承包法》强调“赋予农民长期而有保障的土地使用权”，“任何组织和个人不得剥夺和非法限制农村集体经济组织成员承包土地的权利”，“国家保护集体土地所有者的合法权益，保护承包方的土地承包经营权，任何组织和个人不得侵犯”。农村集体经济组织成员作为承包方，“依法享有承包地使用、收益和土地承包经营权流转的权利，有权自主组织生产经营和处置产品”。“耕地的承包期为三十年。草地的承包期为三十年至五十年。林地的承包期为三十年至七十年；特殊林木的林地承包期，经国务院林业行政主管部门批准可以延长。”而且规定，发包方应当与承包方签订书面承包合同，合同条款中包括“承包期限和起止日期”，承包合同自成立之日起生效，承包方自承包合同生效时取得土地承包经营权。承包期内，发包方不得收回承包地。承包期内，承包方全家迁入小城镇落户的，应当按照承包方的意愿，保留其土地承包经营权或者允许其依法进行土地承包经营权流转。承包期内，承包方全家迁入设区的市，转为非农业户口的，应当将承包的耕地和草地交回发包方。承包方不交回的，发包方可以收回承包的耕地和草地。承包期内，承包方交回承包地或者发包方依法收回承包地时，承包方对其在承包地上投入而提高土地生产能力的，有权获得相应的补偿。承包期内，发包方不得调整承包地。承包期内，因自然灾害严重毁损承包地等特殊情形对个别农户之间承包的耕地和草地需要适当调整的，必须经本集体经济组织成员的村民会议三分之二以上成员或者三分之二以上村民代表的同意，并报乡（镇）人民政府和县级人民政府农业等行政主管部门批准。承包合同中约定不得调整的，按照其约定。《物权法》从物权的角度进一步确定了上述制度，并将土地承包经营权确立为用益物权，规定“县级以上地方人民政府应当向土地承包经营权人发放土地承包经营权证、林权证、草原使用权证，并登记造册，确认土地承包经营权”。

2008 年 10 月，中央下发文件《中共中央关于推进农村改革发展若干重大问题的决定》，强调“赋予农民更加充分而有保障的土地承包经营权，现有土地承包关系要保持稳定并长久不变”。土地承包关系“长久不变”的提法在中央文件中正式出现。应该说，农村土地集体所有、家庭承包经营的基本制度有利于调动集体和农民积极性，对保障国家粮食安全和农产品有效供给具有重要作用，必须毫不动摇地长久坚持。土地承包关系“长久不变”意在稳定农民的心理预期，一是调动农民对土地进行长期投资的积极性，防止掠夺性的经营方式；二是推动农村土地流转，逐步实现规模经营，解决农村土地过于细碎化的问题，提高农业生产率（李力东，2017）。

2010 年中央一号文件，《中共中央 国务院关于加大统筹城乡发展力度进一步夯实农业农村发展基础的若干意见》提出“继续做好土地承包管理工作，全面落实承包地块、面积、合同、证书‘四到户’，扩大农村土地承包经营权登记试点范围”。在前期试点的基础上，2011 年末，原国土资源部、中央农村工作领导小组办公室、财政部、原农业部联合下发《关于农村集体土地确权登记发证的若干意见》(国土资发〔2011〕178号),全面启动了该项工作。2013年中央一号文件《中共中央 国务院关于加快发展现代农业进一步增强农村发展活力的若干意见》中提出,全面开展农村土地确权登记颁证工作。“健全农村土地承包经营权登记制度,强化对农村耕地、林地等各类土地承包经营权的物权保护。用5年时间基本完成农村土地承包经营权确权登记颁证工作,妥善解决农户承包地块面积不准、四至不清等问题。加快包括农村宅基地在内的农村集体土地所有权和建设用地使用权地籍调查,尽快完成确权登记颁证工作”。本轮农地确权工作,意在“建立归属清晰、权能完整、流转顺畅、保护严格的农村集体产权制度”,促进土地承包经营权的顺畅流转,鼓励农村土地规模经营。

5.2.2 影响机制

一直以来,农村土地产权模糊、产权主体缺位等都被认为是影响或制约农村土地流转的重要因素。产权可以通过降低交易费用(Schultz,1968)、稳定预期(Alchian and Demsetz,1972)、减少不确定性(North,1991)等功能促进效率提高已经得到经济学家的证实(Acemoglu et al.,2001)。根据Coase(1960)的研究,在交易成本确定情况下,产权界定越明晰越能够有效解决负外部性带来的社会成本问题;而且产权界定越清晰,相对应的交易成本也将越低。农村土地确权可以降低土地流转中的交易费用,稳定转入户的预期并且减少土地流转中因产权不稳定带来的交易不确定性,从而促进土地流转。为此,国家开始通过土地确权来强化农户对土地产权的拥有。

刘玥汐和许恒周(2017)利用天津市蓟县周边15个行政村的问卷调查数据,运用Logistic模型测算农地确权对土地流转的具体影响,研究结果表明，土地确权主要通过明晰土地承包权和经营权对农地流转有显著的正向促进作用。具体来看，农户土地承包合同或证书的拥有程度，农地经营权抵押转让权利的偏好情况都对农地流转成正向显著作用。拥有土地使用证书，对土地抵押转让权利更加偏好的农户往往土地流转的意愿更强，完善的产权保护机制对农地流转起到正向推动作用。付江涛等（2016）使用江苏省 3 县（市、区）实地调查数据，通过构建 Probit 模型和 Tobit 模型，实证检验了新一轮农村承包地确权登记颁证对农村土地流转的影响。实证研究的表明，农村承包土地确权登记颁证能够显著促进农户的土地转出行为，但是对农户土地转入的影响并不显著。可能的原因是当前的土地流转主要流向种粮大户、合作社、涉农企业等新型农业经营主体，而普通农户更多倾向于转出土地。应该说，土地确权给土地办理了身份证，解决了农民土地流转的后顾之忧，大大提高了土地流转率，减少了撂荒和废置的土地面积，为土地流转带来很好的机遇。程令国等（2016）更是直言，现有农地制度安排造成的高交易成本已经成为阻碍中国土地流转，实现资源配置的重要障碍。文章使用中国健康与养老追踪调查（CHARLS）2011 年—2012 年的农户调查数据进行实证分析，研究结果表明，在其他条件相同的情况下，自 2011 年开始全国试点的农地确权制度使得农户参与土地流转的可能性显著上升。不仅如此，农地确权制度还带来了土地租金率的大幅上扬。因此，程令国等（2016）表示农地确权不仅降低了交易成本，促进了土地流转；同时也增强了农地的产权强度，从而提高了土地资源的内在价值。

5.2.3 统计分析

应该说，近年开展的农村土地承包经营权确权工作，给农民承包地一个合法的“身份证”，对土地流转产生深远影响：一方面，土地确权有利于维护农民合法权益，调动农民参与土地流转的积极性。通过土地确权，保护农民的承包权利，相关政策时农民吃上“定心丸”。另一方面，土地确权制度改革有利于推动相关政策制度的不断完善，为土地流转提供更有效的保障。在土地确权中出现的问题，反向助推新政策的出台，做到与时俱进，助力土地流转。最后，土地确权有利于增强承包地的产权强度，降低了交易风险与交易成本，从而促进了土地流转的行为。从调研团队的实际调研来看，农地确权显著促进了土地流转。如图 5–2 所示与未确权的村庄相比，确权村庄农户土地转出的概率高出 2.10%，土地转入的概率高出 1.10%。还可以发现，从整体流转比率上看，确权村土地流转比例比未确权村庄高 1.36%，表明确权村土地流转市场发育较非确权村快一些，促进了土地转入和转出。从农户土地流转面积看，确权村庄农户土地转出、转入面积要显著高于未确权村庄，转出农户的平均转出面积多 0.140hm^2，转入农户的平均转入面积多 0.125hm^2（如图 5–3）。

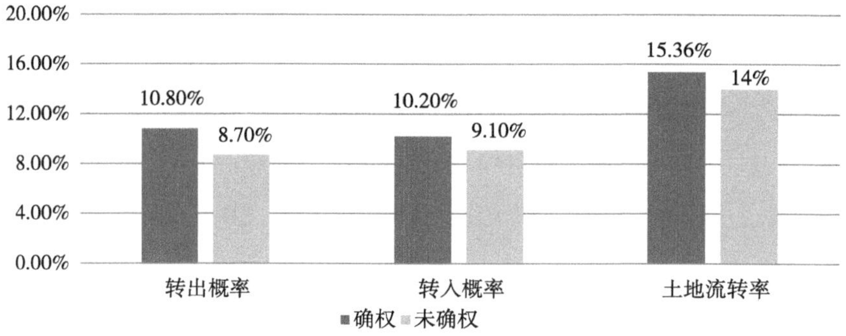

图 5–2　土地确权对土地流转的影响

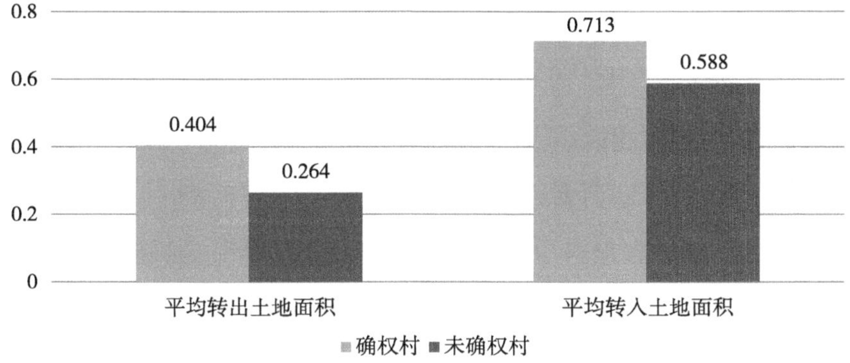

图 5-3　土地确权对土地流转面积的影响

5.3 贫困农户土地流转的影响因素分析

伴随着我国农村农地承包制度的不断健全和完善，以及一系列农村农地流转改革和政策措施的逐步落实，农地流转市场在扶贫开发工作中的作用逐步被人们所认识（刘燕屏，2015），且大量的经验事实表明，农地流转市场之于农户乃至整个国民经济发展异常重要，完善高效的农地流转市场不仅是解决农村农地利用细碎化、闲置化及其撂荒化等现象的有效途径，而且对于优化农地资源配置，提高农地利用效率，促进农业生产率增长和农户福利水平提升同样具有重要作用（Benjamin and Brandt，2000；钱文荣，2002；叶剑平等，2006；Feng and Heerink，2008；闫小欢和霍学喜，2013；李成友等，2014；陈飞和翟伟娟，2015）。然而，就目前而言，理论界和实物界有关精准扶贫过程中贫困农户农地流转的研究并不多，且理论模型和分析方法也尚未完备，研究的广度和深度还有待加强。

与我国一般的农户相比，贫困农户的农地流转环境更加复杂。一方面随着我国精准扶贫工作的不断推进，贫困农户中大量劳动力将涌入城市从事非农部门的各项生产活动，往往顾不上精耕细作自有土地，租出土地的意愿比较大；另一方面贫困农户中的部分农户由于受自身因素的影响，譬如：年龄、健康程度等，不得不留在农村谋生，对租种土地意愿比较大以获得规模经营效益，但是由于目前农村不规范的土地资源交易市场，结果导致农村土地资源配置严重扭曲。

显然，已有的农户农地流转理论在解释精准扶贫过程中的贫困农户农地流转现象时，遇到了一些挑战，这就要求我们在借鉴已有研究的基础上，结合贫困农户和农村农地流转市场的现实情况，将贫困农户农地流转的诱因、成效、风险与治理纳入同一框架体系内，给出更具深度和解释力的贫困农户农地流转理论及模型，使研究内容更符合实际。本部分将研究视角放在贫困农户身上，讨论贫困农户土地流转的影响因素。

5.3.1 主要变量

（1）决策变量。主要包括：是否转入土地、是否转出土地变量。

（2）核心变量。主要包括：①户主基本特征变量：户主年龄、户主受教育程度、户主健康状况；②家庭基本特征变量：是否有成员参与农业培训、是否有成员参与非农培训、非农收入所占比重、年末生产性固定资产原值；③土地基本特征变量：年末实际经营土地面积、土地流转价格；④劳动力特征变量：家庭拥有劳动力人数、家庭成员外出务工时间；⑤借贷行为特征变量：是否受到信贷约束；⑥社会网络特征变量：是否在亲友之间发生流转、年均礼金支出总额；⑦村庄基本特征变量：所在村离车站的距离。

（3）福利变量。主要包括家庭纯收入、生活消费支出以及农业经营投资。

表 5–3 给出了本研究计量分析模型中贫困农户样本数据的基本统计特征，并且对每一个变量都做了必要的解释和说明。

表 5–3　主要变量及其说明解释

类型	变量	样本个数	含义	说明
决策变量	R^{in}	1426	是否转入土地	1 是，0 否
	R^{out}	1426	是否转出土地	1 是，0 否
户主基本特征变量	AGE	1426	户主年龄	周岁
	EDU	1426	户主受教育程度	年
	HEA	1426	户主健康情况	1 是，0 否
家庭基本特征变量	ATR	1426	是否有成员参与农业培训	1 是，0 否
	NAT	1426	是否有成员参与非农培训	1 是，0 否
	TRA	1426	非农收入所占比重	—
	PRO	1426	年末生产性固定资产原值	元 / 户
土地基本特征变量	ARE	1426	年末实际经营土地面积	亩 / 户
	REN	1426	土地流转价格	元 / 亩
劳动力特征变量	POP	1426	家庭拥有劳动力人数	人 / 户
	TIM	1426	家庭成员外出务工时间	天 / 年
借贷行为特征变量	CRE	1426	是否受到信贷约束	1 是，0 否
社会网路特征变量	REL	1426	是否在亲友之间发生流转	1 是，0 否
	LIJ	1426	年均礼金支出总额	元 / 户
村庄基本特征变量	GON	1426	所在村离车站的距离	公里
福利变量	NIN	1426	家庭纯收入	元 / 户
	XIA	1426	家庭生活消费支出	元 / 户
	SGU	1426	家庭农业经营投资	元 / 户

注：REN 代表土地流转价格（元 / 亩），本研究统一为亩均转入价格。

表 5-4 描述性统计

类型	变量	均值	标准差	最小值	最大值
决策变量	R^{in}	0.2003	0.3842	0	1
	R^{out}	0.2135	0.3098	0	1
户主基本特征变量	AGE	41.8	42.4427	21	69
	EDU	7.563	2.1846	0	16
	HEA	0.8351	0.9273	0	1
家庭基本特征变量	ATR	0.3746	0.6219	0	1
	NAT	0.3428	0.5023	0	1
	TRA	0.4701	0.4937	0	1
	PRO	14875.12	31098.45	0	479000
土地基本特征变量	ARE	8.8243	54.0472	0.18	537
	REN	390.5721	923.123	0	1360
劳动力特征变量	POP	2.8936	3.6241	0	9
	TIM	132.176	175.3562	0	365
借贷行为特征变量	CRE	0.4602	0.5037	0	1
社会网路特征变量	REL	0.1475	0.256	0	1
	LIJ	1415.24	3049.05	0	62100
村庄基本特征变量	GON	25.1523	73.475	0	92
福利变量	NIN	10456.32	14352.36	−14400	35000
	XIA	8176.49	11119.41	1259	183000
	SGU	5543.22	10832.29	890	127320

注：CRE 代表贫困农户是否受到信贷约束，可以通过部分可观测的 Biprobit 模型进行估计得出。

5.3.2 计量模型

结合贫困农户自身禀赋和外界因素，将土地规模分为 3 个层次：土地规模过剩、土地规模适中和土地规模不足，且其对应的土地流转决策依次为：转出土地、不参与土地流转和转入土地，这样土地流转决策可看作一种内生性的选择。

半参数排序选择模型为识别和评价贫困农户土地流转决策的影响因素提供了合适的方法。运用半参数排序选择模型，既能考察贫困农户土地流转决策的内生性，也能去除模型误设而引起的估计偏误。具体模型推导和适用，请参照 5.1.2 部分，本部分不再详细介绍。

5.3.3 估计结果

为方便对比，我们将分别给出半参数（SNP）模型下和参数模型下的参数估计值，并对估计结果进行分析和比较，具体见下表 5-5。

表 5-5　贫困农户土地流转决策影响因素的估计结果

变量		土地流转方程（参数）			
		估计系数	标准差	估计系数	标准差
户主基本特征变量	AGE	0.0126***	0.0032	0.0180***	0.0041
	AGE^2	–0.0002*	0.0001	–0.0004***	0.0001
	EDU	–0.0473**	0.0231	–0.0536**	0.0249
	HEA	–0.1652***	0.0573	0.1438***	0.0401
家庭基本特征变量	ATR_{-1}	0.0261*	0.0159	0.0294	0.0237
	NAT_{-1}	–0.0328**	0.0181	–0.0395**	0.0222
	TRA_{-1}	–0.0340***	0.0125	–0.0332***	0.0117
	PRO_{-1}	0.0603***	0.0242	0.0597***	0.0218
土地基本特征变量	ARE_{-1}	0.0103	0.0465	0.0124	0.0556
	REN	–0.0021	0.0069	–0.0036	0.0087
劳动力特征变量	POP_{-1}	–0.0025**	0.0012	–0.0029	0.0023
	TIM_{-1}	–0.0058**	0.0031	–0.0064**	0.0029
借贷行为特征变量	CRE_{-1}	–0.1928***	0.0573	–0.2031***	0.0775
社会网路特征变量	REL_{-1}	0.2363***	0.0769	0.2835***	0.1016
	LIJ_{-1}	–0.0105**	0.0051	–0.0096**	0.0055
村庄基本特征变量	GON	–0.0127	0.024	–0.0133	0.0278
α_1		2.7018	——	2.8972	——
α_2		6.1270**	2.6982	5.8937**	2.7985
Log- likelihood		–6156.88		–6032.29	

注：① ***、**、* 分别表示在 1%、5% 和 10% 的统计水平上显著；② PRO_{-1}、LIJ_{-1}、REN 的单位均为万元；③变量下标表示该变量上一年的值；④ α_1 和 α_2 表示分割点参数。

由表 5-5 可见，户主年龄、上年是否有成员参与农业培训、上年生产性固定资产原值、上年农户是否在亲友之间发生流转行为对贫困农户土地流转决策的影响分别在 1% 或 10% 的显著性水平上为正，说明贫困农户越容易从参与土地转出到不参与土地流转进而到参与土地转入。户主年龄与贫困农户土地流转决策呈现显著的∩型关系，说明随着年龄的增长，贫困农户非农生产活动机会降低，更多的从事农业生产活动，更愿意转入土地，但是必须指出的是这种趋势是边际递减的。贫困农户家庭成员参与农业培训越多，其掌握的农业知识和技术越丰富，转出土地的可能性越低，选择转入土地的意愿越强烈。较高的生产性固定资产原值使得贫困农户农业生产的退出成本增加，而选择转入土地则能够减少农业生产成本，提高贫困农户收益率。从亲友间可以低价甚至是无偿获得土地，且能够对土地质量有较为充分的了解，因此，贫困农户更偏好从亲友间转入土地。

户主受教育水平、户主健康状况、上年是否有成员参与非农培训、上年非农收入所占比重、上年家庭拥有劳动力、上年家庭成员外出务工时间、上年是否受到信贷约束、上年礼金支出总额对贫困农户土地流转决策的影响分别在 1% 或 5% 的显著性水平上为负，说明贫困农户越容易从参与土地转入到不参与土地流转进而到参与土地转出。受教育水平越高或越健康的贫困农户更容易获得更好的就业机会，且具有更高的非农就业意愿，更偏好于转出土地。贫困农户接受非农培训越多，其从事非农生产活动能力越强，选择转出土地可能性越大。非农收入所占比重越高表明贫困农户从事非农生产经营活动能够获得更多的收入，更倾向于转出土地。家庭拥有的劳动力越多，成员外出务工时间越长，说明非农收入的比重越高，转出土地更符合贫困农户的意愿。贫困农户受到信贷约束，降低了贫困农户转入土地的意愿，更愿意转出土地。礼金支出总额的增加，说明贫困农户拥有丰富的社会网络资源，从事非农生产经营活动更容易获得较高的边际收益，转出土地的意愿越强烈。

在控制上述因素不变的情况下，由表 5–5 可知，上年年末实际经营土地面积、土地流转价格、所在村离车站的距离对贫困农户土地流转的影响至少在 10% 的显著水平上不显著，说明这三个变量对贫困农户土地流转决策的作用不明显。年末经营土地面积对贫困农户土地流转决策产生双重作用，一方面较大土地经营面积可以实现规模经济，另一方面土地经营面积的增加会带来更高的农业生产成本，两方面同时作用最终使得土地经营面积无法真正显著影响到贫困农户的土地流转决策。由于调研中发现与贫困农户发生土地交易的部分交易对象为亲朋好友，土地流转价格一般不会作为土地交易行为的重要考虑因素，因此，土地流转价格不能够显著影响贫困农户土地流转决策。所在村离车站的距离并不会对贫困农户土地流转决策产生重要的影响，说明交通区位的便利程度并不是影响贫困农户土地流转决策的关键因素。

同时，为了进一步说明，本研究也给出了贫困农户土地流转决策影响因素的参数估计，从半参数模型和参数模型的估计结果对比来看，两种模型估计的结果具有一致性，但参数却存在显著差异，且半参数的估计结果更具无偏性，表明本研究选取半参数模型进行参数估计是有效的。

第 6 章　农户土地流转影响效果分析

6.1 农户土地流转影响效果分析

6.1.1 变量选择

参考其他文献，我们从本农户的总收入、生活消费支出、农业生产经营投资三个方面分析土地流转产生的影响。

表 6–1 农户福利水平衡量指标体系

衡量指标	变量符号	变量	单位
福利水平	NIN	家庭总收入	元
	XIA	家庭年生活消费支出	元
	LIQ	农业生产经营投资	元

6.1.2 模型构建

在土地流转市场上，农户产出有 3 种可能，记为（Y^{-1},Y^{0},Y^{1}），分别表示转包出土地、不参与流转和转包入土地处理时的产出，其中 0 表示不参与处理，–1 表示受到转包出处理，1 表示受到转包入处理。对于任何一个农户 i 而言，我们只能观测到（Y^{-1},Y^{0},Y^{1}）其中的某一结果。此外，规定对于某个个体的处理效应标记为 $S\in\{-1,0,1\}$，其中我们以不参与流转作为基准组，便可得出参与转包入或转包出相对于不参与流转的福利影响，以及转包入和转包出之间福利水平的差异。由于此时处理效应较多，无法按照一般的倾向得分进行定义计算，Lechner（2001）规定了关于处理 m 和 l（其中 $m,l\neq 0$）的相关定义：

$$\gamma_{o}^{ml}=E(Y^{m}-Y^{l})=EY^{m}-EY^{l} \tag{6–1}$$

$$a_o^{ml} = E(Y^m - Y^l / S = m,l) = E(Y^m / S = m,l)\text{-}E(Y^l / S = m,l) \quad (6\text{–}2)$$

$$\theta_o^{ml} = E(Y^m - Y^l / S = m) = E(Y^m / S = m)\text{-}E(Y^l / S = m) \quad (6\text{–}3)$$

其中 γ_o^{ml} 表示 N 个样本总体中参与处理 m 相对于处理 l 的期望（或平均）处理效应，a_o^{ml} 表示 N 个样本总体中参与处理 m 或处理 l 的子样本中，参与处理 m 相对于处理 l 的期望（或平均）处理效应，θ_o^{ml} 表示 N 个样本总体中之外参与处理 m 的子样本中，参与处理 m 相对于处理 l 的期望（或平均）处理效应。

Lechner（2001）给出了在一定条件下，广义倾向得分法（GPSM）方法估计的相关步骤，可见 6.2.1 部分，此处不再一一详述。

6.1.3 估计结果

由表 6–2 可见，土地流转对农户福利水平有显著的影响，具体来讲：第一，转包入土地促使全体样本农户的总收入、生活消费支出、农业生产经营投资分别在 5%、10%、5% 的显著性水平上增加了 1307.3 元、–625.3 元和 216.9 元，占全体样本农户总收入均值、生活消费支出均值和农业生产经营投资均值的比重分别为 7.08%、–5.62% 和 7.54%，但对全体样本农户的生活消费支出的影响为负。第二，转包出土地使得全体样本农户的总收入、生活消费支出和农业生产经营投资分别在 10%、10% 和 5% 的显著性水平上增加了 1408.8 元、1058.1 元和 420.6 元，占全体样本农户总收入均值、生活消费支出均值和农业生产经营投资均值的比重分别为 7.63%、9.51% 和 14.62%。同时，通过比较转包入土地和转包出土地分别对全体样本农户福利水平的影响效应可以发现，转包入土地对农户总收入、生活消费支出和农业生产经营投资的影响程度小于转包出土地。由此得出结论，转包出土地可以显著提高农户的总收入，进而提高农户的生活水平。

表 6-2 土地流转对于农户福利水平的影响

变量	均值	ATEin	P>z	ATEin%	ATEout	P>z	ATEout%
NIN	18464	1307.3**	0.039	7.08%	1408.8*	0.068	7.63%
XIA	11126	-625.3*	0.061	-5.62%	1058.1*	0.057	9.51%
LIQ	2877	216.9**	0.040	7.54%	420.6**	0.035	14.62%

注：***、**、* 分别表示在 1%、5% 和 10% 的统计水平上显著。

6.2 贫困农户土地流转影响效果分析

6.2.1 GPSM 模型

当我们所关心的解释变量是二元时，平均处理效应模型总是适用的（Wooldridge，2002；Greene，2003），其中，以基于倾向得分匹配法（PSM）的处理效应模型运用最为广泛。但是，在土地流转市场上，农户面临不参与土地流转、转入土地和转出土地三种决策，解释变量并不是二元的，此时，PSM 方法便不再适用。Wooldridge（2000）给出了排序处理效应模型的两阶段处理方法，但此方法仍有不足之处，即无法比较不同处理之间福利水平的差异。此后，Lechner（2001）提出的基于广义倾向得分法（GPSM）的处理效应模型较好的解决这类问题。

本文假设，在土地流转市场上，贫困农户面临着相互排斥的三种情形：不参与流转土地、转入土地和转出土地，此时，其相对应的产出亦有 3 种可能，记为（Y^{-1},Y^{0},Y^{1}），分别表示转出土地、不参与土地流转和转入土地处理时的产出，其中：0 表示不参与处理，-1 表示受到转出处理，1 表示受到转入处理。同时，对于任何一个贫困农户 i 而言，我们只能观测到（Y^{-1},Y^{0},Y^{1}）其中的某一结果，而不可能观测到所有情形，所以，实际上我们在估计中面临的是样本缺失问题。此外，规定对于某个个体的处理效应标记为 $S \in \{-1,0,1\}$，其中：我们以不参与土地流转作为基准组，便可得出参与转入土地或转出土地相对于不参与土地流转时对贫困农户福利水平的影响，以及转入土地和转出土地之间贫困农户福利水平的差异。由于此时处理效应较多，无法按照一般的倾向得分进行定义计算，故 Lechner（2001）规定了关于处理 m 和 l（其中 $m,l \neq 0$）的相关定义，如下式（6–1、6–2、6–3）所示：

$$\gamma_o^{ml} = E(Y^m - Y^l) = EY^m - EY^l \qquad (6\text{–}1)$$

$$a_o^{ml} = E(Y^m - Y^l / S = m,l) = E(Y^m / S = m,l)\text{-}E(Y^l / S = m,l) \qquad (6\text{–}2)$$

$$\theta_o^{ml} = E(Y^m - Y^l / S = m) = E(Y^m / S = m)\text{-}E(Y^l / S = m) \qquad (6\text{–}3)$$

其中：γ_o^{ml} 表示 N 个样本总体中参与处理 m 相对于处理 l 的期望（或平均）处理效应，a_o^{ml} 表示 N 个样本总体中参与处理 m 或处理 l 的子样本中，参与处理 m 相对于处理 l 的期望（或平均）处理效应，θ_o^{ml} 表示 N 个样本总体中之外参与处理 m 的子样本中，参与处理 m 相对于处理 l 的期望（或平均）处理效应。

根据 Lechner（2001）思路，我们可得 $\gamma_o^{ml} = -\gamma_o^{lm}$，$a_o^{ml} = -a_o^{lm}$，$\theta_o^{ml} \neq -\theta_o^{lm}$，并且 a_o^{ml} 是关于 θ_o^{ml} 和 θ_o^{lm} 的权重组合，既有式（6–4）：

$$a_o^{ml} = \theta_o^{ml} p(S = m / S = m,l)\text{-}\theta_o^{lm}[1 - P(S = m / S = m,l)] \qquad (6\text{–}4)$$

其中：$p(S = m / S = m,l) = \dfrac{p(S = m)}{P(S = m) + P(S = l)}$，同样的，对于 γ_o^{ml} 有式（6–5）：

$$\gamma_o^{ml} = E(Y^m - Y^l) = \sum_{j=0}^{M}[E(Y^m / S = j)\text{-}E(Y^l / S = j)]P(S = j) \qquad (6\text{–}5)$$

同时，Lechner（2001）给出了在一定条件下，采用信贷约束估计值

（matching estimator）方法进行估计的相关步骤，首先给出 θ_0^{ml} 的估计方法：

Step1：设立并识别多重选择模型以得到 $[\hat{P}_N^0(x),\hat{P}_N^1(x),......,\hat{P}_N^M(x)]$（$N$为样本数）；

Step2：对于给定的处理 m 和处理 l，实施步骤如下：

$a)$：计算 $\hat{P}_N^{lml}(X)=\dfrac{\hat{P}_N^l(X)}{\hat{P}_N^l(X)+\hat{P}_N^m(X)}$ ，或者计算 $[\hat{P}_N^l(X),\hat{P}_N^m(X)]$ ，其中有式（6–6）：

$$p^{l/ml}(X)=P(S=l/S\in\{m,l\},X=x)=\frac{P^l(x)}{P^l(X)+P^m(X)} \tag{6–6}$$

$b)$：从参与处理 m 的子样本中选取一个个体然后删除；

$c)$：从参与处理 l 的子样本中根据步骤 $a)$ 中选取与接受处理 m 的子样本中选取尽可能接近概率值 $\hat{P}_N^{lml}(X)$ 或 $[\hat{P}_N^l(X),\hat{P}_N^m(X)]$ 的所有个体进行匹配，其中，在匹配度量 $[\hat{P}_N^l(X),\hat{P}_N^m(X)]$ 的接近程度时，我们用 Mahalanobis 距离。其中，此时所选取的样本不需要删除以备继续使用；

$d)$：重复步骤 $b)$ 和 $c)$ 直至参与处理 m 的子样本中不再存在个体；

$e)$：根据 $c)$ 中得到的匹配群体以及样本均值得到相应的条件期望值。其中，接受处理 m 的子样本中某一个个体可以被重复抽取；

Step3：重复 Step2 直至 m 和 l 的所有组合；

Step4：根据 Step3 的结果计算处理效应估计值，并得到其方差矩阵。

Lechner（2001）指出一旦 θ_o^{ml} 估计可以得到，其他估计值亦可实现，只需对上述步骤进行略加修改即可，此处不予赘述。方差的估计步骤如下：

对于某一给定的估计值 $E(Y^l/S=m)$ ，则有 $\hat{E}_N(Y^l/S=m)=\sum_{iel}w_i^m Y_i^l$ ，其中，权重函数满足 $\sum_{lel}w_i^m=N^m,\forall l=-1,1$ 。w_i^m 表示关于处理集 m 中

元素 i 匹配的元素个数，N^m 表示对于处理集 m 匹配的所有元素个数（其中有些元素是可以重复选取的），以此可以计算上述不同的估计值，规定 $P(S=m/S\in\{m,l\}=P^{m/ml}$，则有式（6–7、6–8、6–9、6–10、6–11、6–12）：

$$\hat{\theta}_N^{ml}=\frac{1}{N^m}\sum_{iem}Y_i^m-\frac{1}{N^m}\sum_{iel}w_i^m Y_i^l \tag{6–7}$$

$$\mathrm{var}(\hat{\theta}_N^{ml})=\frac{1}{N^m}\mathrm{var}(Y^m/S=m)+\frac{\sum_{iel}(w_i^m)^2}{(N^m)^2}-\mathrm{var}(Y^l/S=l) \tag{6–8}$$

$$\hat{\gamma}_N^{ml}=\sum_{iem}Y_i^m\sum_{j=0}^{M}[\frac{w_i^j}{N^j}P(S=j)]-\sum_{iel}Y_i^l\sum_{j=0}^{M}[\frac{w_i^j}{N^j}P(S=j)] \tag{6–9}$$

$$\mathrm{var}(\hat{\gamma}_N^{ml})=\sum_{iem}Y_i^m[\frac{1}{N^m}P^{m/ml}+\frac{w_i^l}{N^l}(1\text{-}P^{m/ml})]^2\,\mathrm{var}(Y^m/S=m)+$$

$$\sum_{iel}Y_i^m[\frac{1}{N^l}p^{l/ml}+\frac{w_i^m}{N^m}(1\text{-}P^{l/ml})]^2\,\mathrm{var}(Y^l/S=l) \tag{6–10}$$

$$\hat{a}_N^{ml}=\sum_{iem}Y_i^m[\frac{1}{N^m}P^{m/ml}+\frac{w_i^l}{N^l}(1\text{-}p^{m/ml})]-\sum_{iel}Y_i^l[\frac{1}{N^l}P^{l/ml}+\frac{w_i^m}{N^m}(1\text{-}P^{l/ml})] \tag{6–11}$$

$$\mathrm{var}(\hat{a}_N^{ml})=\sum_{iem}[\frac{1}{N^m}P^{m/ml}+\frac{w_i^l}{N^l}(1\text{-}P^{m/ml})]^2\,\mathrm{var}(Y^m/S=m)+$$

$$\sum_{iel}[\frac{1}{N^l}P^{l/ml}+\frac{w_i^m}{N^m}(1\text{-}P^{l/ml})]^2\,\mathrm{var}(Y^l/S=l) \tag{6–12}$$

6.2.2 估计结果分析

衡量农户福利水平的指标有很多，研究中普遍使用的有农户家庭收入（纯收入、生产性收入）水平、家庭消费（生活性消费支出）支出、生产性固定资产等（胡初枝等，2008；李庆海等，2011；李成友等，2014），结合以往学者研究成果以及调研问卷中所能获得的数据，本研究将贫困农户福利水平用农户家庭纯收入、家庭生活消费支出以及农业经营投资进行表示。

由表 6–3 可知，土地流转对贫困农户福利水平有显著的影响，具体来讲：第一，转入土地促使全体样本贫困农户家庭纯收入、生活消费支出以及农业经营投资分别在 5%、10% 以及 1% 的显著性水平上增加了 951.5 元、–498.7 元以及 321.6 元，占全体样本贫困农户家庭纯收入均值、生活消费支出均值、农业经营投资均值的比重分别为 9.10%、–6.67% 以及 5.80%，说明转入土地有助于样本农户家庭纯收入以及农业生产投资的增加，但转入土地对全体样本农户的生活消费支出的影响为负，这可能是由于贫困农户转入土地导致所付出的成本增加，进而在短期内给贫困农户生活消费支出带来了抑制效应。第二，转出土地使得全体样本贫困农户家庭纯收入、生活消费支出以及农业经营投资分别在 10%、10% 以及 1% 的显著性水平上增加了 1027.8 元、751.4 元以及 –459.4 元，占全体样本贫困农户纯收入均值、生活消费支出均值、农业经营投资均值的比重分别为 9.83%、9.19% 以及 –8.29%，说明转入土地有助于样本农户家庭纯收入以及生活消费支出的增加，且转入土地使得样本农户减少了农业经营投资。同时，通过比较转入土地和转出土地分别对全体样本贫困农户福利水平的影响效应可以发现，转入土地对贫困农户纯收入、生活消费支出以及农业经营投资的影响程度小于转出土地。

表 6–3　土地流转对于贫困农户福利水平的影响

变量	均值	ATE^{in}	P>z	ATE^{in}%	ATE^{out}	P>z	ATE^{out}%
NIN	10456.32	951.5^{**}	0.028	9.10%	1027.8^{*}	0.071	9.83%
XIA	8176.49	-498.7^{*}	0.063	–6.67%	751.4^{*}	0.060	9.19%

续表

变量	均值	ATE^{in}	P>z	ATE^{in}%	ATE^{out}	P>z	ATE^{out}%
SGU	5543.22	321.6***	0.033	5.80%	−459.4***	0.028	−8.29%

注：① ATEin、ATE^{out} 分别为转入、转出土地对所有样本贫困农户的平均处理效应；② ATE^{in}%=（ATE^{in}/ 变量的均值）*100%，ATE^{out}%=（ATE^{out}/ 变量的均值）*100%，此处变量分别为 NIN、XIA、SGU；③ ***、**、* 分别表示在 1%、5% 和 10% 的统计水平上显著。

第 7 章　农户土地流转风险识别与评估

7.1 农户土地流转风险识别

随着土地流转的普及，因为有关土地流转的相关措施衔接不紧密，土地流转带来的纠纷矛盾也开始增多，风险也在不断加大。

7.1.1 生态风险

由于各地区地理条件存在差异，各地区各地段的土地也存在着较强的差异。不同类型的土地在农业生产中的用途、效力具有明显的差异。土壤的肥沃程度、酸碱度直接影响着植被及农作物的生长状况。很多地区将经济发展放于生态保护之前，一些为引用外资促成当地经济的快速发展，将大量农业用地改为住房用地或工业用地，使得土壤的生态组分发生变化，削弱了土地肥力。还有将承包土地的用途改为观光园、采摘园，这样虽然可能增加了收益，却减少了土地的产出。这些对土地用途的改变均使得在对农业用地造成了不可改变的破坏的同时也严重破坏了当地的生态环境。

7.1.2 市场风险

农户根据自身判断决定供应于社会的流转土地的数量，土地需求方对流转土地需求的数量以及国内外的经济政策因素都会影响土地流转时的价格，而且农民对信息的掌握不多很容易产生个人定价与政府规定价格相冲突的风险。再者由于流转中介组织的缺少，土地流转的信息不能及时的被供需方了解，这样就降低了土地的利用效率，增加农地变荒地的风险。与此同时，土地流转行为过程中的监督制度的不完善，使得土地流转市场发生违约现象时，主体的违约追偿很难成功，农民的利益诉求很难得到保障。

7.1.3 契约风险

在土地流转过程中很可能会出现流转双方中的一方为获得更大的利益而漠视契约对另一方造成损害。而且当前由于流转制度并不完善，农民缺乏相应的法律知识，很容易出现所签订的流转契约不合乎法律规定，不具备法律效应的情况发生。在我们的调研走访中发现大多数的农户是通过村组织与企业签订合同，而农民本身并不知道合同的具体内容。与此同时，发生于农户之间的土地流转几乎都是口头协议，主要依赖于血缘关系或诚信关系，与亲戚朋友口头达成协议，并没有签订流转合同。即使签订了合同的农户，其签订的合同也不合乎法律规定，很多应标明的内容均未在合同中标出，未明确规定双方的权利与义务，也并没有遵循正确的法律途径。由于绝大多数农民对土地流转的程序及其所需的相关手续不熟悉，很容易产生巨大的土地流转风险。一旦契约一方受到金钱利益的诱惑，为了实现自身利益的最大化，就很容易出现诚信问题，发生严重的契约风险。

7.1.4 分化风险

土地流转过程中的信息不对称，土地出让方及受让方不能正确估计土地价值，从而导致不公平交易的发生。在土地流转过程中也会出现政府过分干预使得农民非自愿出让土地等现象。这些都会使得规模经营的农业大户获得巨大利益，而土地出让方若没有即时找到其他稳定的生存手段，就会使失地农民更加贫困，从而造成农村地区两极分化现象更加严重。同时，土地不仅是农民的财产，也是农民生产经营的主要场所。目前的土地流转制度无法保证流转出土地的农民的再就业问题和日常的经济来源，就像济阳 MJ 村的村民将土地流转出去后，无人给他们解决就业问题，有劳动能力的男性只能在附近县城做短期工，无稳定的工作，只能游移于农村与城市之间而无法被其中的一方所接纳。而妇女及年长的男性大都闲在家中。这就使他们的经济、政治地位及社会保障均面临极大的风险，成为被边缘化的弱势群体。这些都会造成严重的社会冲突，破坏社会的稳定，威胁社会的良性运作。

7.1.5 政治风险

首先，土地流转会使农民的土地经营权受到侵害，农民土地流转出去之后，相应的国家优惠政策就无法再享有，相应农户对村内事务的知情权、参与权、决策权、监督权等也无法得到保障。其次，村干部多是村内大规模土地流转的发起人和推动者。在我们的调查走访中济阳县 MJ 村就是典型的由村干部发起土地流转，而村民普遍对所签订的具体协议等不了解。在这种情形下，一旦所发起的项目出现纠纷问题，使农民的利益受损，村干部群体在群众中的信誉和威信都会降低，进而影响政府在人民群众中的威望。再次，土地的过分集中与政府一直所倡导的土地均分思想相违背，这样会威胁到政府的执政基础。这些政治风险对国家、社会、居民都有着巨大影响。

7.1.6 制度风险

一是有关土地用途带来的风险，例如在建设新农村的鼓励之下，由于政府对集体土地用地的规定不明确，村民和村政府相合作利用集体土地建设商品房。但当国家禁止在集体土地上建设小产权房后，农户就遭受巨大的损失。二是土地流转出后，农户就无法再继续获得国家相应补贴，相应补贴就转移到承包人手中，使得农民获利减少。三是虽然 2016 年山东出台政策允许农民以承包经营权入股发展农业产业化经营，但现有的法律政策规定农户只对土地享有30年农村土地承包经营权。而合同期满之后农村土地经营权的变化无法预知，这样就使得土地承包经营到期时公司的存续就成了问题，甚至在土地承包期续存时由于国家土地政策的变动使公司面临中途解散的风险。四是法律规定严禁出现强迫农民流转的现象，纠正通过流转改变土地农地用途的问题，依法制止乡村组织侵犯农户土地承包经营权等行为。小部分的反租倒包增加了农民的收益，但大规模的反租倒包就会增加社会纠纷的风险。目前，大部分企业不是直接与农户签订合同，而是和村政府签订相应的合同。但流转合同程序不规范，合同书写内容不全面且规范度不够，很容易造成纠纷的发生，增加农户利益受损的风险。

7.2 农户土地流转风险评估

层次分析法（Analytic Hierarchy Process，AHP）由美国运筹学家、匹兹堡大学教授Thomas L. Saaty于20世纪70年代提出，是一种将与决策有关的元素分解成目标、准则（子准则）、方案等层次，在此基础上进行定性和定量分析的决策方法。常被运用于多目标、多准则、多要素、多层次的非结构化的复杂决策问题，特别是战略决策问题，可以较好地解决多要素相互关联、相互制约的复杂系统的评价，是一种新型简洁化、实用化的研究方法。层次分析法当前已有相当广泛的应用，当前主要涉及领域应用如下：生态适宜性评价、资源开发评价、环境保护评价、安全性评价、工程项目风险评价、土地集约利用评价、地质灾害危险性分析、危化物危害性评价、城市应急灾害能力评价、空间格局安全性评价等方面。层次分析法是一种把定性分析与定量分析有机结合起来的较好的科学决策方法，它通过两两比较标度值的方法，把人们依靠主观经验来判断的定性问题定量化，既有效地吸收了定性分析的结果，又发挥了定量分析的优势；既包含了主观的逻辑判断和分析，又依靠客观的精确计算和推演，从而使决策过程具有很强的条理性和科学性，能处理许多传统的最优化技术无法着手的实际问题，应用范围比较广泛（虞晓芬和傅玳，2004）。本部分将使用层次分析法对土地流转风险进行定性和定量相结合的评估，得出土地流转风险的优先顺序。

7.2.1 构建递阶层次结构模型

根据农地流转风险感知与表现，构建农地流转风险递阶层次结构模型。农地流转风险递阶层次结构模型的构建，实质是运用分析解析法将农地流转风险系统分解为具体的组成要素，然后按属性划分目标层、准则层、方案层。目标层是对问题目标的描述，即农地流转风险；准则层是对目标层具体描述，将其分为自然风险、经济风险以及社会风险；方案层是对准则层的进一步细化，包括生态、市场、契约、分化、政治、制度风险。

7.2.2 构造判断矩阵

假设准则层元素为 C_K，则 C_K 对下一层的元素 $A_1 \cdots\ A_j \cdots A_a$ 有支配关系，在准侧 C_K 之下，根据 1 ~ 9 比例标度，赋予 $A_1 \cdots\ A_j \cdots A_a$ 相应权重。详见下表 7–1。

表 7–1　判断标度及含义

标度	含义
1	A_1 与 A_j 相比，具有同样重要性
3	A_1 与 A_j 相比，稍微重要
5	A_1 与 A_j 相比，明显重要

续表

标度	含义
7	A_i 与 A_j 相比，强烈重要
9	A_i 与 A_j 相比，绝对重要
2、4、6、8	A_i 与 A_j 相比重要性介于上述两相邻判断尺度中间
倒数	若 A_i 与 A_j 相比为 a_{ij}，则指标 A_j 与 A_i 的比较判断为 $a_{ij}=1/a_{ij}$

以目标层为判断标准，利用综合评分法，对准则层二个要素进行两两比较，得到判断矩阵 A。

$$A=\begin{pmatrix}1 & 1/3 & 1/5\\ 3 & 1 & 1/3\\ 5 & 3 & 1\end{pmatrix}$$

以准则层为判断标准，将因素层要素构造判断矩阵 B_1、B_2、B_3。

$$B_1=\begin{pmatrix}1 & 2 & 1/3 & 5 & 1/3 & 1/3\\ 1/2 & 1 & 1/4 & 4 & 1/4 & 1/3\\ 3 & 4 & 1 & 3 & 1/2 & 1\\ 1/5 & 1/4 & 1/3 & 1 & 1/3 & 1/3\\ 3 & 4 & 2 & 3 & 1 & 2\\ 3 & 3 & 1 & 3 & 1/2 & 1\end{pmatrix}$$

$$B_2=\begin{pmatrix}1 & 2 & 1/3 & 4 & 3 & 1/3\\ 1/2 & 1 & 1/3 & 3 & 2 & 1/5\\ 3 & 3 & 1 & 5 & 3 & 1\\ 1/4 & 1/3 & 1/5 & 1 & 1/2 & 1/4\\ 1/3 & 1/2 & 1/3 & 2 & 1 & 1/5\\ 3 & 5 & 1 & 4 & 5 & 1\end{pmatrix}$$

$$B_3=\begin{pmatrix}1 & 1/2 & 3 & 7 & 3 & 3\\ 2 & 1 & 4 & 8 & 4 & 4\\ 1/3 & 1/4 & 1 & 3 & 1/3 & 1\\ 1/7 & 1/8 & 1/3 & 1 & 1/4 & 1/3\\ 1/3 & 1/4 & 3 & 4 & 1 & 2\\ 1/3 & 1/4 & 1 & 3 & 1/2 & 1\end{pmatrix}$$

7.2.3 计算特征向量及一致性检验

整理矩阵，计算判断矩阵特征向量，之后进行归一化处理：

$$W_i = \sum_{j=1}^{n} a_{ij}$$

$$\overline{W_i} = \frac{W_i}{n}$$

$$W_i = \overline{W_i} \Big/ \sum_{j=1}^{n} W_i$$

分别用 W、W_1、W_2、W_3 表示矩阵 A、B_1、B_2、B_3 的特征向量，得到

A 矩阵的特征向量：$W = \begin{pmatrix} 0.125 \\ 0.272 \\ 0.603 \end{pmatrix}$

$$W_1 = \begin{pmatrix} 0.147 \\ 0.115 \\ 0.216 \\ 0.048 \\ 0.272 \\ 0.202 \end{pmatrix}; W_2 = \begin{pmatrix} 0.168 \\ 0.120 \\ 0.274 \\ 0.045 \\ 0.076 \\ 0.317 \end{pmatrix}; W_3 = \begin{pmatrix} 0.251 \\ 0.345 \\ 0.093 \\ 0.038 \\ 0.169 \\ 0.104 \end{pmatrix}$$

进行一致性检验以避免出现偏差，验证风险因素评估的正确性。

首先被检验判断矩阵乘以其特征向量，得到赋权和 AW，

$$AW = A * W$$

然后，每个赋权和向量的分量分别除以对应特征向量的分量，之后求其平均值：

$$\lambda_{\max} = \sum_{i=1}^{n} \frac{[AW]_i}{nW_i}$$

最后，引入一致性指标 C.I.

$$C \cdot I \cdot = \frac{\lambda_{max} - n}{n-1}$$

n 是因素的数量，λ_{max} 是判断矩阵的最大特征值，若 λ_{max} =n 则判断矩阵具有完全一致性，即 $C \cdot I \cdot$ =0；若 λ_{max} 略大于 n，则判断矩阵具有满意的一致性。当判断矩阵的维数较大时，判断矩阵的一致性相对较差。为了更好检验判断矩阵的一致性，引入平均随机一致性指标 C.R.，详见表 7–2。

表 7–2　平均随机一致性指标 C.R. 取值

n	1	2	3	4	5	6	7	8	9	10	11
C.R.	0	0	0.63	0.87	1.35	1.47	1.51	1.57	1.60	1.62	1.66

用判断矩阵的一致性比例进行计算，公式为：

$$CR = \frac{C \cdot I \cdot}{C \cdot R \cdot}$$

根据判断矩阵一致性检查表，矩阵 A、B_1、B_2、B_3 的 CR 分别为 0.0512、0.0783、0.0459、0.0638。CR 均小于 0.1，所以可以判断矩阵具有满意的一致性。

7.2.4 风险损失排序并确定最优方案

计算出递阶层次结构各层次要素对上一级要素的相对重要度后，即可从最上层开始，求出各层要素的综合重要度，对风险因素进行优先排序。若 A 为上层矩阵，要素为 m 个，B 为下层矩阵，要素为 n 个，则 B 层要素 B 的综合重要度为：

$b_j = \sum_{i=1}^{m} a_j b_j^i$ j=1，2，…n

根据公式计算

$$W_C = (W_1 W_2 W_3) W = \begin{pmatrix} 0.163 \\ 0.248 \\ 0.225 \\ 0.061 \\ 0.197 \\ 0.106 \end{pmatrix}$$

根据 W_C 各因素权重的大小，将风险因素进行优先排序：市场风险、契约风险、政治风险、生态风险、制度风险、分化风险。

第 8 章　土地流转多方利益博弈分析

8.1 引言

从古至今，土地从来都是一种极其重要的生产资料。在经历了前工业时期，工业时期，后工业时期的当下的中国，土地既承担着个体农户的生活保障、就业保障、财富增值功能，也承担着农业大户、家庭农场、涉农企业的生产盈利功能，还承担着政府改善民生福祉、保护生态环境等重要功能。相关土地政策的调整，归根结底是利益博弈问题，是政府、市场、农民三者之间的利益再分配，是一种制度非均衡—利益博弈—制度均衡的周而复始的循环。制度经济学强调，制度变迁的发生，是由于对更有效的制度绩效的需求而引发的，既有制度需求方面的因素，也有制度供给方面的因素，这些理论为我们研究农村土地政策的变迁，特别是近年来的农地流转制度提供了一个可供参考的理论框架。在理论框架中，选取中国的特色进行改良和完善，体现特色。

8.2 理论基础

（1）行为经济学理论：假设经济活动的参与者都是理性的经济人，并且认为人们从事的经济活动都是以征求最大的经济利益为原则，心理因素对经济决策都是微乎其微的。

（2）委托代理理论：为了降低流转成本，委托人委托村委会作为代理人，村委会代表流出方与流入放进行商议，并从中获取一部分利益

（3）土地产权理论：根据我国的农地制度，村委会拥有农地的所有

权，而农户拥有土地的经营、承包、使用权。这说明了土地产权并非集中于一个主体。

（4）规模经济理论：我国农村实行家庭联产承包责任制，由于该模式碎片化，不利于农村现代化经营的发展，而有机械生产并且专业的企业等大农户，具有现代农业发展的条件，可以形成规模经济效益并从中获取更多的利益。

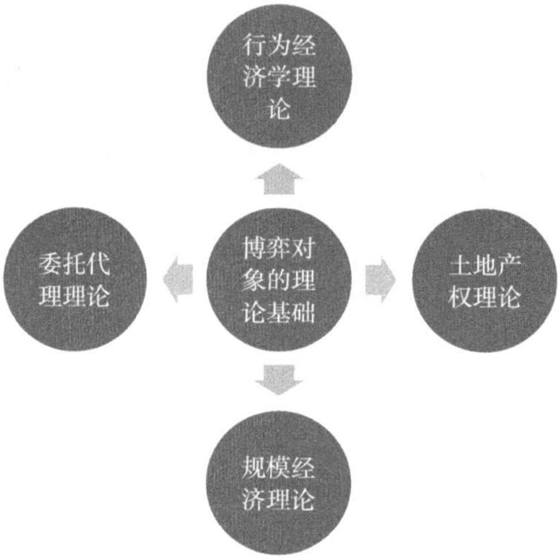

图 8-1　博亦分析的理论基础

8.3 博弈利益相关者概述

8.3.1 转出方

农户：由于国家现阶段土地流转政策，农户在土地流转中的作用日益突出。而农户是否出让土地主要受风险是否可控，收益比例等诸多因素影响。土地流转收益包括存量收益和增量收益。而农户出让土地以后所获得的闲暇时间可以从事与之相关甚至毫不相关的产业链条，以增加其收益。在机会成本的理论解释下，这部分空闲的时间属于农户自主支配的时间，这部分时间的节省无疑会给农户带来更大的收益。农户对于土地增值价值的不了解也导致土地流转收益的隐性下降。

8.3.2 转入方

企业、合作社：这一主体是土地流转市场中利益的提供主体，也是价值的中转站，企业、合作社是“经济人”，经济人是以获取利益为主要目的，以极低的价格购进，赚取更大的利润。受产前投入、土地功用、租地规模等影响，它们希望以最低的地租租用更好的土地。在博弈中，企业面临“高价”“低价”两个选项，农户则有“接受”“不接受”两种对策。由上述分析可知，转入方一定会选择“低价”，而且会采取各种措施迫使农户“接受”，其潜在选择：利用土地流转市场不完善、中介组织职能不健全和自身的信息优势抢占话语权、压低地租；凭借其强大的社会操纵能力向政府施压，甚至通过向官员寻租等方式，借助行政力量压低租金；通过模糊合同条款、钻法律漏洞、延滞义务履行等方式争取便利。“

8.3.3 政府

当下，李克强在政府工作报告中对土地流转政策的大力支持，对于农村经济效益的追求，各级政府必然会对土地流转持支持态度。其一，加快土地流转，是贯彻中央政策，显示政绩，也是其“理性经济人”的必然考虑；其二，农企以及农业大户所来的税收十分可观，日常的费用对于政府也是一笔不小的费用；其三，政府作为农户保障的主体，为农户提供保障。

8.3.4 中介方

在现今的中国，互联网模式正在兴起，土地流转网站的建立实际上顺应了农业现代化的趋势，并起着积极的作用，但在调研的过程中我们同样发现依赖政府平台建立的土地流转网络发展较好，而民营的土地流转网络由于成立时间短、力量小，发展相对落后，加之受行政指令控制，发展举步维艰，其主要功能也仅限于负责签订协议、提供信息、收发租金等服务，尚不具备土地整理、地价评估、监管维护等职能。

多方利益博弈下的土地流转市场，存在着各种各样的土地流转方式，有政府与出让方之间的监督博弈，有农业企业与村集体合作社之间对于土地出让方的价格博弈，有各村之间的制度博弈，有同为土地出让方的土地博弈以及农业公司在租进土地后的产品博弈等。在如今中国，土地流转市场博弈纷繁多种，但博弈都应在法律范围内进行可控的操作。

8.4 利益博弈各方动机分析

8.4.1 资金不充足的农户在土地流转中的动机分析

这些农户拥有农村户籍，并且对土地拥有承包经营权，但是农户普遍由于缺乏专业知识及设备，无法进行机械化生产，生产效率低下，因此农民想通过把土地流转出去来获得一部分收益，同时自己另谋其他行业再次获得一部分收益。

8.4.2 资金充裕的农户在土地流转中的动机分析

富裕的农户主要收入可能并不依赖土地，自己从事其他事业拥有可观的收入，土地流转只是扩大收入的一部分，为了不闲置土地，不浪费资源，进行了土地流转。

8.4.3 村委的行为动机分析

村委一般作为农民土地流转的中介一方，将农民的土地集结起来统一承包给农业公司及合作社，使农民更加方便也相对放心地将土地交给村委任其流转，同时在需求方面，也使农业公司、合作社等更好地进行对接，方便了双方。但同时也存在剥削的成分，大多数情况下村委会扣除一部分资金作为中介费，来增加自身的利益。

8.4.4 网络土地中介机构行为动机分析

在调研的过程中我们同样发现依赖政府平台建立的土地流转网络发展较好，而民营的土地流转网络由于成立时间短、力量小，发展相对落后，加之受行政指令控制，发展举步维艰，尚不具备土地整理、地价评估、监管维护等职能。并且农民受到自身文化水平限制，“不愿”接触，因此土地流转网站还是处于发展中状况，收益潜力巨大。

8.4.5 需求方农户的行为动机分析

土地是农户赖以生存的生活保障，一方面农户希望获取更多的土地补偿来弥补现在和未来的消费支出，另一方面农户也希望获取更多的土地补偿来弥补因失去土地而带来的养老保障缺失。而这部分农民有一定的经济基础，可以购买相对先进的农耕设备，获得的经济利益大于普通农民，收获一定的规模经济收益。

8.4.6 企业的行为动机分析

利润最大化是企业进行生产的最终目标，土地流转中的企业也不例外，企业的行为动机是尽最大努力降低土地使用成本和土地交易成本，以较低的租金获取土地实现利润最大化。而企业在资本方面相对于农民是有优势的，因此更能规模经营，生产专业化，效益更大。

8.5 土地流转中农户、企业之间的利益博弈

8.5.1 基本假设

（1）土地的流入方（企业）和流出方（农民）均为理性经济人，博弈中都以自身利益的最大化为目标。

（2）土地流出方（农民）的收益来源：可分为直接收益 Z_1 和间接收益 J_1。直接收益即土地流转中农民转让经营权获得的转让费用，间接收益为农民放弃从事农业种植后转行做其他职业获得的工资等。土地流出方的损失：包括土地流转的手续费 S_1，和农民从事农业生产所得的农作物收入 N，农民反抗企业收购产生的成本 K_1。

（3）流入方（企业）的收益来源：可分为转入土地获得的预期收益 Z_2 和间接收益 J2，间接收益为通过收购土地解放了农村的生产力，造成的社会效益作用于企业自身或者政府给予的政策或物质奖励等间接因素而产生。流出方的损失：包括支付给农民的流转费用 F，交易过程中产生的手续费 S_2，农民的反抗造成的损失 K_2，机会成本 T，其中机会成本指当所有支出用于其他投资项目时产生的机会成本。

（4）土地对于农民的重要系数 P：指农民流转土地之前从土地上获得的农作物收入占原来家庭总收入的比重，$P \in [0,1]$，P 越大代表土地对于农民重要性越大，当 P=0 时代表土地不重要，农民无论何时都愿意转让土地，当 P=1 时代表土地对于农民非常重要，农民无论何时都不愿出让自己的土地。

（5）该土地对于企业的重要系数 M：指流入方从土地上获取的实际收益占预期收益的比值，M 越大说明流入土地对企业的重要性越大。

8.5.2 博弈分析

（1）土地对农民的重要性越高，农民期望获得的收益就越高，所以农民期望得到的交易费用可表示为 Z_1/P。农户的净收益 $R_1=Z_1/P+J_1-S_1-N$，且 $R_1>0$（否则农民不愿意出售自己的土地）。

（2）企业收购土地获得的实际直接收益可表示为 MZ_2。企业愿意支付的土地费用也与 M 相关，可表示为 MF。企业的净收益 $R_2=MZ_2+J_2-S_2-T-MF$，且 $R_2>0$（否则企业不愿购买土地）。

（3）建立以下博弈模型：

		流入方（企业）	
		转入	不转入
流出方（农民）	转出	$Z_1/P+J_1-S_1-N$，$MZ_2+J_2-S_2-T-MF$	PN，T
	不转出	PN，T	PN，T

（4）农民参与博弈的前提是农民明确知道土地流入方一定需要农民的土地，且在市场机制运转下不会出现受让方支付成本但土地仍未流转的情况。

（5）若双方成交，博弈的最后结果为双方达成一致，即 $Z_1/P=MZ_2$。

（6）由假设条件可知 $P=N/(N+J_1)$，可以看出 P 与 N 成正相关，与 J 成负相关。又由于 $Z_1/P+J_1-S_1-N>0$ 可得 $Z_1>(S_1+N-J_1)*P$，可知当 P 增大时 Z_1 也会增大，J_1 增大时 Z_1 会减小。意味着农民从土地上获得的收益越高，其对土地的依赖性就越高，转移性收益越大预期收益就越小。

（7）对于小型农户来说，其从土地上获得的农作物收入占原来家庭总收入的比重较低，即 P 较低，则其不转出时的收益 PN 也较低，一般低于将土地转租给企业的收益 $Z_1/P+J_1-S_1-N$（当 P 降低时 Z_1/P 相应升高）。农民只有在转出土地和企业转入土地时才能使自己追求利益最大化。此时企业回收土地的成本和代价相应的也就越小，此时该博弈的纳什均衡是（转入，转出），即（$Z_1/P+J_1-S_1-N$，$MZ_2+J_2-S_2-T-MF$）。

（8）对于大型农户来说，其从土地上获得的农作物收入占家庭总收入的比重较高，P 较高，其农作物产量和销量也较高，即 N 高，其 PN 值也高，其转出时所获净收益 $R_1= Z_1/P+J_1-S_1-N$ 可能会低于 PN。此时企业的流入成本也较高，此时该博弈的纳什均衡为（不转入，不转出），即（PN，T）。所以决定农民出让土地的主要因素为 P。P 越高表示对土地依赖性越大，增加了流入方转入土地的成本。此时可以适当增加农民的劳动力转移预期收入来促进土地流转的良性运行。

第 9 章　土地流转路径优化与未来展望

实施乡村振兴战略，农业农村农民问题是关系国计民生的根本性问题，必须始终把解决好“三农”问题作为全党工作重中之重。巩固和完善农村基本经营制度，深化农村土地制度改革，完善承包地“三权”分置制度。保持土地承包关系稳定并长久不变，第二轮土地承包到期后再延长三十年。

9.1 土地流转过程中的路径优化

2018 年是土地确权的收官之年，在最后紧要关头，推动土地流转顺利进行是重中之重。要以党的十九大报告和中央农村工作会议精神为指导，围绕“三权分置”的市场化发展导向，针对各方主体利益诉求进一步深化改革，从农民、农村、企业三方入手，协调各方利益，达到各方基本满意的效果，从而促进土地流转的健康有序发展。

9.1.1 农民方面

（1）破除落后的思想观念

在调研中发现农民保守落后的观念是制约土地流转的主观因素。土地是农民基本生活保障的资源载体与最重要的生产资料。土地之于农民的重要性与中国数千年安土重迁的小农思想的禁锢使得土地流转受到阻力。因此，农民自身要正视时代的发展，改变传统的农业观念，通过新闻媒体、互联网等途径了解土地流转的成功案例，深入体会土地流转的实质性意义。

（2）提高自身维权的法律意识

在团队调研过程中，济阳县MJ村、SJ村都存着一些以口头协议进行土地承包的案例。然而，以口头协议作为土地流转的凭证难以被法律认可，且在土地流转的过程中出现矛盾时难以受到法律的保护。因此，农民应加强相关法律知识的学习，在农地流转的过程中选择更具有法律效力的方式，在出现矛盾纠纷之后也能够通过法律途径来解决问题，维护自己的合法权益。农户不应只关注土地的短暂收益，更应当关注土地的长远发展，多了解一些信息，在与企业的合作中维护自身的合法权益。

（3）正确认识并积极参与土地流转

目前，我国城乡二元结构的现实和城乡之间发展水平的差异，导致大量农村青年劳动力进城务工，留守在农村的基本上都是文化素质较低的老年人及未成年人。因此，农民不应仅看到土地流转金额、土地被征占之后的补偿等直接利益问题，也要从本质上认识土地确权的作用以及实施土地流转的积极意义，意识到这项工作实则是国家在为农民谋权益。

9.1.2 农村方面

（1）严格坚持政策底线及村民自治

对于存在较多的权属争议等历史遗留问题，尽可能在县、乡政府的指导下，召开村民小组会议，由村民小组各成员协商解决。同时要坚持三条政策底线：一是尊重史实，以二轮承包为基础，增人不增地，减人不减地，不改变原有土地承包关系和合同起止年限；二是多不退，少不补，面积与原承包合同不符时，以此次实测面积为准；三是坚持大稳定，小调整原则，成熟一户确一户，疑难问题后期处理，不因个别存在矛盾的农户而牵制整个土地确权工作。

（2）加强责任意识与队伍建设

团队在调研中发现农民自行流转较多，报村和乡镇批准备案少，存在土地流转过程不规范的问题。此时，需要农村相应组织机构认识到自己的责任及工作任务，为农民提供相应的指导和帮助，使各方在工作责任机制相对清晰的情况下，有序推进土地流转。

（3）维护农民利益，提高其参与的积极性

土地流转的核心是把农民的权利还给农民，让农民获利。农村组织机构要密切联系农民群众，有纠纷及时调解，真正做到以维护农民利益为首要原则。让农民放心，信任村干部与组织，从而最大限度提高农民群众参与的积极性，使土地流转成片进行，减少碎片化，体现土地流转价值，促进土地流转市场的发展

9.1.3 农业企业方面

（1）发展多种土地经营模式

目前，转出土地的用途集中在种植粮食和经济作物，且规模有限。农业公司可以采取“公司 + 基地 + 农户模式”“公司 + 农业园区模式”“农业合作社 + 农户模式”“专业大户 + 雇工模式”等多种经营模式进行生产经营，延长产业链，增加附加值，提高经济效益。

（2）遵守法律与接受监督

法律规定不得将农用土地用于非农建设，但在利益驱使下，仍有部分企业私自变更土地用途，损害农民权益。企业要按照签约合同履行义务，规范行为，合理使用土地，切实维护农民利益。

（3）坚持适度经营，农业生产中风险与收益并存

由于各地最适宜的土地经营规模不同，企业要依据自然条件及当地自身条件等情况合理确定本地区的规模经营最佳标准。坚持因地制宜原则，坚持土地流转与培育主导产业结合的原则，围绕主导产业及优势项目，调整农业结构。坚持与精准扶贫结合的原则，立足于农民的土地资源，带动贫困户参与现代化农业，促进农业转型升级，帮助贫困户精准脱贫。

9.1.4 政府方面

（1）成立专业的农村集体土地管理部门机构

将农村经营管理站、土地流转中心、国土、林业等部门的土地管理职权整合为一体，成立专门的农村集体土地管理机构，代表政府履行管理集体土地的责任，负责招商投资农村项目、制定农业计划、整合农业项目，依法开展及监管土地流转，宅基地交易。

（2）成立土地流转风险基金

成立风险基金可以为产业及资金提供风险防范，为农业投资公司融资提供抵押担保，为主导产业发展提供融资担保，能够有效防范拖欠租金等风险，保护农民的合法权益。通过政府拨款、土地租金溢价收益、项目收益、租金提成等途径可以为基金提供资金来源。

（3）增进对于农业经营的创新奖励政策

激励规模化经营，对于参与土地流转并连续 2 年或以上标准化农田规模经营达到 250 亩以上的户主，除了享受相关优惠政策，还能给予一定数量的农业建设资金补助。激励农村新型企业发展，鼓励农业企业发展高标准、高技术的现代化农业，并可采取“企业 + 合作社”“企业 + 个体农户”等发展模式规模化生产，加速新型农业产业链的形成及发展。

9.2 土地流转后的未来展望

9.2.1 可能出现的问题与预防措施

（1）农民就业问题

当农民将土地流转后，对留守在家中无劳动能力的老年人与未成年人影响较小，但是伴随大城市务工人数增多、工作压力增大与国家支持农民工返乡创业，土地对于农村青壮年的重要性日益体现。因而通过土地流转创造一批农业企业，发展农业产业，为农民提供就近的工作岗位，将农民培养成为现代化农业产业工人。

（2）土地保护问题

虽然土地流转相关法律规定，乡镇政府和县级农业部门负责土地流转的管理，但是目前政府相关部门缺乏有关管理土地流转的资金，各地土地流转监管人员素质参差不齐，政府对土地流转的管理工作仅仅停留在对土地流转纠纷的调节上。某些工作人员甚至为了谋取不正当利益，与不正规的农业公司签订合同，损害农户利益。并且土地流转的出让方面临收回的土地被破坏，影响耕种以及是否能按时收回租金的风险。受让方也面临因天气灾害等原因造成的利益受损和合约未到期前毁约现象。因而要完善风险保障体系，健全土地流转后的监督机制，切实做到在土地流转后的土地保护工作。

9.2.2 实质性意义

（1）提高了农业生产效率，促进规模化经营

通过土地流转，使得耕地相对集中，有利于进行农业生产和机械化作业，提高了生产效率。同时还有利于农村按照统一规划，发展高效农业生

产，促进了区域化规模经营。发展多种形式适度规模经营，培育新型农业经营主体，健全农业社会化服务体系，实现了小农户和现代农业发展有机衔接。

（2）促进了农业领域的对外开放

土地作为最重要的农业生产资料，其使用权向市场进行流转是必然的，这是关系到能否实现农业领域对外开放的重要因素之一。近几年来，一些农业开发商在一些经济发达地区建立了许多农业企业、生产基地和农场庄园。这些农业开发商之所以在这些地方落地生根，其中一个最关键的因素是有效解决了土地使用权流转问题。

（3）促进了农民增收

在调研中发现，出让土地的农民所得到的土地补偿一般高于自己经营所能获得的收益。通过土地流转，形成了一批高效农业园区和工业园区，一部分农民成为农业企业和工业企业的产业工人，农民不仅得到了土地方面的补偿，而且还获得了稳定的工资收入。

（4）保障了国家粮食安全

土地流转后可采用大规模机械化生产作业，以供给侧结构性改革为主线，利用现代科技发展农业，推动粮食产业提升质量和效益，从而增加粮食产量，确保国家粮食安全，把中国人的饭碗牢牢端在自己手中。

参考文献

[1] Acemoglu, D., Johnson, S., & Robinson, J. A.. The colonial origins of comparative development: An empirical investigation [J]. American economic review, 91 (5), 1369–1401.

[2] Bellemare M F. Insecure land rights and share tenancy: Evidence from madagascar [J]. Land Economics, 2012 (1): 155–180.

[3] Bellemare M, Barrett C B. An Ordered Tobit Model of Market Participation: Evidence from Kenya and Ethiopia[J].American Journal of Agricultural Economics, 2006, 88(2): 324–337.

[4] Benjamin D, Brandt L. Prosperity rights, Labor Markets, and Efficiency in a Transition Economy: The Case of Rural China [M].Mimeo, University of Toronto, 2000.

[5] Bert F, Northb M, Roverec S, Tatarab E, Macalb C, Podesta G. Simulating agricultural land rental markets by combining agent–based models with traditional economics concepts: The case of the Argentine Pampas [J].Environmental Modeling and Software, 2015 (71): 97–110.

[6] Besley T. Property rights and investment incentives: theory and evidence from Ghana [J]. Journal of Political Economy, 1995, 103 (5): 903–937.

[7] Bogaerts T, Willimason L P, Fendel E M. The roles of land administration in the accession of Central European Union [J]. Land Use Policy, 2002, 19 (1): 29–46.

[8] Carter M, Yao Y. Local versus Global Separability in Agricultural Household Models: The Factor Price Equalization Effect of Land Transfer Rights [J].American Journal of Agricultural Economics, 2002, 84 (3): 702–715.

[9] Ciaian P, Kancs D A. EU land markets and the common agricultural policy [J].CEPS Paperbacks, 2010.

[10] Deininger K, Jin S. Securing property Rights In Transition: Lessons from implementation of China, s rural land contracting law [J].Journal of Economic Behavior & Organization, 2009, 70 (1): 22–38.

[11] Deininger K, Jin S. The potential of land rental markets in the process of economic development: Evidence from China [J].Journal of development Economics, 2005, 78 (1): 241-270.

[12] Feng S, Heerink N, Ruber R, Qu F. Land rental market, off-farm employment and agricultural production in Southeast China: A plot-level case study [J].China Economic Review, 2010 (21): 598-606.

[13] Feng S, Heerink N. Are Farm Households' Land Renting and Migration Decisions Inter-related in Rural China ? [J].NJAS-Wageningen Journal of Life Sciences, 2008, 55 (4): 345-362.

[14] Forbord M, Bj rkhaug H, Rob J F, Burton. Drivers of change in Norwegian agricultural land control and the emergence of rental farming [J].Journal of Rural Studies, 2014 (33): 9-19.

[15] Ito J, Bao Z S, Ni J. Land rental development via institutional innovation in rural Jiangsu, China [J].Food Policy, 2016 (59): 1-11.

[16] James K K. Off-Farm Labor Markets and the Emergence of Land Rental Markets in Rural China [J].Journal of Comparative Economics, 2002, 30 (2): 395-414.

[17] Jin S Q, Deininger K. Land rental markets in the process of rural structural transformation: Productivity and equity impacts from China [J].Journal of Comparative Economics, 2009 (37): 629 -646.

[18] Joshua M, Eleonora M, Anna B, Jana S. Price Repression in the Slovak Agricultural Land Market [J].Land Use Policy, 2004 (21): 59-69.

[19] Needham B, George de Kam. Understanding how land is exchanged: Co-ordination mechanisms and transaction costs [J].Urban Studies, 2004 (10): 2061-2076.

[20] Otsuka K. Efficiency and Equity Effects of Land Markets [J].Handbook of Agricultural economics, 2007 (3): 2671-2703.

[21] Rudel T K. After the labor migrants leave: the search for sustainable development in a sending region of the Ecuadorian Amazon [J].World Development Oxford, 2006, 34 (5): 838-851.

[22] Vikas R. Agrarian Land Transactions Reform and Land Markets: A Study ofin Two Villages of West Bengal, 1977-1995 [J].Economic Development and Cultural change, 2001 (7): 611-629.

[23] Wang H, Riedinger J, Jin S Q. Land documents, tenure security and land rental development: Panel evidence from China [J].China Economic Review, 2015 (36): 220-235.

[24] Li C, Jiao Y, Sun T, Liu A. Alleviating multi-dimensional poverty through land transfer:

Evidence from poverty-stricken villages in China [J]. China Economic Review, 2021, 69, 101670.

[25] Li C, Yu Y, Li Q. Top-income data and income inequality correction in China [J]. Economic Modelling, 2021, 97: 210 - 219.

[26] Stewart M. B. Semi-nonparametric Estimation of Extended Ordered Probit Models [M]. The Stata Journal, 2004, 4 (1): 27-39.

[27] Lechner M. Identication and Estimation of Causal Effects of Multiple Treatments under the Conditional Independence Assumption in Econometric Evaluation of Labour Market Policies [M]. Heidelberg: Physica, 2001: 43-64.

[28] Vapnik V N. An Overview of Statistical Learning Theory [M].Spring-Verlag, New York, NY, 1995.

[29] Holland J H .A daptation in natural and artificial systems [M].Cambridge: M Press, 1995.

[30] 蔡依平，朱文龙，施国庆. 工程项目的风险识别与控制 [J]. 水利科技与经济，2004，10 (3)：129-132.

[31] 陈飞，翟伟娟. 农户行为视角下农地流转诱因及其福利效应研究 [J]. 经济研究，2015 (10)：163-177.

[32] 陈美球，吕添贵，许莉，赵宝苹，李鹏. 外出打工对耕地流转影响的实证分析 [J]. 江西农业大学学报（社会科学版），2011 (1)：13-18.

[33] 陈仲常，马大来，王玲. 农民土地转出参与意愿的影响因素分析 [J]. 重庆大学学报（社会科学版），2014 (4)：31-38.

[34] 葛志军，邢成举. 精准扶贫：内涵、实践困境及其原因阐释——基于宁夏银川两个村庄的调查 [J]. 贵州社会科学，2015 (5)：157-162.

[35] 何国俊，徐冲. 城郊农户土地流转意愿分析——基于北京郊区 6 村的实证研究 [J]. 经济科学，2007 (5)：111-124.

[36] 黄祖辉，王朋. 农村土地流转：现状、问题及对策一兼论土地流转对现代农业发展的影响 [J]. 浙江大学学报（人文社会科学版），2008 (2)：38-47.

[37] 江淑斌，苏群. 经济发达地区农户土地流转影响因素分析——基于江苏 684 个农户调查样本的实证 [J]. 生态经济，2014 (5)：18-21.

[38] 金松青，Deininger K. 中国农村土地租赁市场的发展及其在土地使用公平性和效率性上的含义 [J]. 经济学（季刊），2004 (4)：1003-1028.

[39] 冷智花，付畅俭，许先普. 家庭收入结构、收入差距与土地流转——基于中国家庭追踪调查（CFPS）数据的微观分析 [J]. 经济评论，2015 (5)：111-129.

[40] 李彪，邵景安，苏维词. 三峡库区农户土地流转的理论解析 [J]. 资源科学，2013，35 (1)：216-224.

[41] 李成友，李锐，李庆海. 农户农地经营权流转及其行为效果分析——基于2003-2009年10省区835个农户的面板数据[J]. 统计与信息论坛，2014，29(12)：69-74.
[42] 李成友，孙涛，王硕. 人口结构红利、财政支出偏向与中国城乡收入差距[J]. 经济学动态，2021(01)：105-124.
[43] 李成友，刘安然，袁洛琪，康传坤. 养老依赖、非农就业与中老年农户耕地租出——基于CHARLS三期面板数据分析[J]. 中国软科学，2020(07)：52-64.
[44] 李春明. 精准扶贫的经济学思考[J]. 理论月刊，2015(11)：5-8.
[45] 李凤琴. 农村土地使用权的流转问题的思考[J]. 资源开发与市场，2007，(3)：251-253.
[46] 李继红. 湖南湘西自治州农村土地流转现状与完善对策[J]. 西南民族大学学报(人文社科版)，2015(11)：120-124.
[47] 李琴，李大胜，李承政. 家庭农地禀赋与农地流转决策——基于非线性关系的考察[J]. 浙江社会科学，2015(10)：19-28.
[48] 李庆海，李锐，王兆华. 农户土地租赁行为及其福利效果[J]. 经济学(季刊)，2011，11(1)：269-288.
[49] 李雪萍. 基于层次分析法的农村土地流转风险评价研究[J]. 科技经济市场，2012(4)：63-66.
[50] 李毅，罗建平，牛星. 复合生态系统视角下土地流转风险管理[J]. 农村经济，2014(1)：30-34.
[51] 李中，洪必纲. 中西部地区农村土地流转过程中的风险研究[J]. 经济纵横，2012(6)：84-86.
[52] 李力东. 调整或确权：农村土地制度的公平与效率如何实现？——基于山东省L村的调查研究[J]. 公共管理学报，2017，14(01)：117-127+159.
[53] 虞晓芬，傅玳. 多指标综合评价方法综述[J]. 统计与决策，2004(11)：119-121.
[54] 吴昭军. 农地法权中农户的概念界定[J]. 改革与战略，2016，32(03)：43-46.
[55] 钱龙，钱文荣. 社会资本影响农户土地流转行为吗？——基于CFPS的实证检验[J]. 南京农业大学学报(社会科学版)，2017，17(05)：88-99+153-154.
[56] 刘燕屏. 浅论精准扶贫视角下的农村土地流转——以永州市为例[J]. 湖南省社会主义学院学报，2015(10)：73-76.
[57] 罗必良，汪沙，李尚蒲. 交易费用、农户认知与农村土地流转——来自广东省的农户问卷调查[J]. 农业技术经济，2012(1)：11-21.
[58] 马贤磊，仇同伟，钱忠好. 农地产权安全性与农地流转市场的农户参与——基于江苏、湖北、广西、黑龙江四省(区)调查的实证分析[J]. 中国农村经济，

2015（2）：22–37.

［59］冒佩华，徐骥，贺小丹，周亚虹．农地经营权流转与农民劳动生产率提高：理论与实证［J］．经济研究，2015（11）：163–176.

［60］冒佩华，徐骥．农地制度、土地经营权流转与农民收入增长［J］．管理世界，2015（5）：63–74.

［61］农业部农村合作经济研究课题组．中国农村土地承包经营制度及合作组织运行考察［J］．农业经济问题，1993（11）：45–53.

［62］戚焦耳，郭贯成，陈永生．农地流转对农业生产效率的影响研究——基于 DEA-Tobit 模型的分析［J］．资源科学，2015，37（9）：1816–1824.

［63］焦勇，杨蕙馨．政府干预、两化融合与产业结构变迁——基于 2003—2014 年省际面板数据的分析［J］．经济管理．2017，39（06）：6–19.

［64］焦勇，杨蕙馨．政府干预、产业结构扭曲与全要素生产率提升［J］．财贸研究，2019，30（10）：1–16.

［65］钱文荣．浙北传统粮区农户土地流转意愿与行为的实证研究［J］．中国农村经济，2002（7）：64–68.

［66］钱忠好．非农就业是否必然导致农地流转——基于家庭内部分工的理论分析及其对中国农户兼业化的解释［J］．中国农村经济，2008（10）：13–21.

［67］钱忠好．农村土地承包经营权市场流转：理论与实证分析——基于农户层面的经济分析［J］．经济研究，2003（2）：83–91.

［68］沈建新．基于农民权益保障的福建省农村土地流转改革研究［J］．福建论坛·人文社会科学版，2015（12）：192–198.

［69］沈茂英．四川藏区精准扶贫面临的多维约束与化解策略［J］．农村经济，2015（6）：62–66.

［70］孙月蓉，代晨．中国农地资本化流转风险分析［J］．经济问题，2015（5）：107–110.

［71］唐丽霞，罗江月，李小云．精准扶贫机制实施的政策和实践困境［J］．贵州社会科学，2015（5）：151–156.

［72］田传浩，贾生华．农地制度、地权稳定性与农地使用权市场发育：理论与来自苏浙鲁的经验［J］．经济研究，2004（1）：112–119.

［73］陈浩，王佳．社会资本能促进土地流转吗？——基于中国家庭追踪调查的研究［J］．中南财经政法大学学报，2016（01）：21–29+158–159.

［74］刘玥汐，许恒周．农地确权对农村土地流转的影响研究——基于农民分化的视角［J］．干旱区资源与环境，2016，30（05）：25–29.

［75］付江涛，纪月清，胡浩．新一轮承包地确权登记颁证是否促进了农户的土地流转——来自江苏省 3 县（市、区）的经验证据［J］．南京农业大学学报（社会科

学版)，2016，16（01）：105–113+165.
［76］程令国，张晔，刘志彪.农地确权促进了中国农村土地的流转吗？［J］.管理世界，2016（01）：88–98.
［77］汪三贵，郭子豪.论中国的精准扶贫［J］.贵州社会科学，2015（5）：147–150.
［78］吴冠岑，牛星，许恒周.乡村土地旅游化流转的风险评价研究［J］.经济地理，2013，33（3）：187–191.
［79］吴郁玲，曲福田.土地流转的制度经济学分析［J］.农村经济，2006（1）：24–26.
［80］许恒周，郭忠兴，郭玉燕.农民职业分化、养老保障与农村土地流转——基于南京市372份农户问卷调查的实证研究［J］.农业技术经济，2011（1）：80–85.
［81］许恒周，田浩辰.农户生计多样化视角下农地确权政策实施效果评估——基于1254份农户问卷的实证研究［J］.干旱区资源与环境，2018，32（02）：30–36.
［82］许恒周，张中举，田浩辰.农地确权政策对农户农地流转决策行为的影响分析——基于津鲁两地农户调查问卷的实证研究［J］.中国农村研究，2016（01）：101–112.
［83］刘玥汐，许恒周.农地确权对农村土地流转的影响研究——基于农民分化的视角［J］.干旱区资源与环境，2016，30（05）：25–29.
［84］许恒周，常耀丹，刘玥汐.农民分化视角下农地流转对农民收入的影响分析——基于天津市西青区、静海县农户问卷调查的实证研究［J］.中国农村研究，2015（02）：3–12.
［85］许恒周，石淑芹.农民分化对农户农地流转意愿的影响研究［J］.中国人口·资源与环境，2012，22（09）：90–96.
［86］许恒周，郭玉燕，石淑芹.农民分化对农户农地流转意愿的影响分析——基于结构方程模型的估计［J］.中国土地科学，2012，26（08）：74–79.
［87］许恒周，石淑芹，吴冠岑.农地流转市场发育、农民阶层分化与农民养老保障模式选择——基于我国东部地区农户问卷调查的实证研究［J］.资源科学，2012，34（01）：136–142.
［88］薛凤蕊，乔光华，苏日娜.土地流转对农民受益的效果评价——基于DID模型分析［J］.中国农村观察，2011（2）：36–42.
［89］闫小欢，霍学喜.农民就业、农村社会保障和土地流转——基于河南省479个农户调查的分析［J］.农业技术经济，2013（7）：34–44.
［90］杨德才.论我国农村土地流转模式及其选择［J］.当代经济研究，2005（12）：49–52.
［91］杨定玉.少数民族地区精准扶贫问题研究述评［J］.民族论坛，2016（2）：99–103.
［92］姚洋.非农就业结构与土地租赁市场的发育［J］.中国农村观察，1999（2）：16–

21.
[93] 姚洋. 集体决策下的诱导性制度变迁——中国农村地权稳定性演化的实证分析 [J]. 中国农村观察，2000（2）：11–18.
[94] 姚洋. 中国农村土地制度：一个分析框架 [J]. 中国社会科学，2000（2）：54–65.
[95] 叶剑平，蒋妍，丰雷. 中国农村土地流转市场的调查研究——基于 2005 年 17 个省调查的分析和建议 [J]. 中国农村观察，2006（4）：48–55.
[96] 尤小波. 企业项目风险管理中风险识别的新方法 [J]. 企业导报，2015（16）：159–160.
[97] 张红宇. 中国农村土地调整与使用权流转：几点评论 [J]. 管理世界，2002（5）：76–87.
[98] 冀县卿，钱忠好. 中国农地产权制度改革 40 年——变迁分析及其启示 [J]. 农业技术经济，2019（01）：17–24.
[99] 冀县卿，钱忠好. 如何有针对性地促进农地经营权流转？——基于苏、桂、鄂、黑四省（区）99 村、896 户农户调查数据的实证分析 [J]. 管理世界，2018，34（03）：87–97+183–184.
[100] 许恒周，田浩辰. 农户生计多样化视角下农地确权政策实施效果评估——基于 1254 份农户问卷的实证研究 [J]. 干旱区资源与环境，2018，32（02）：30–36.
[101] 许恒周，张中举，田浩辰. 农地确权政策对农户农地流转决策行为的影响分析——基于津鲁两地农户调查问卷的实证研究 [J]. 中国农村研究，2016（01）：101–112.
[102] 马贤磊，仇童伟，钱忠好. 农地流转中的政府作用：裁判员抑或运动员——基于苏、鄂、桂、黑四省（区）农户农地流转满意度的实证分析 [J]. 经济学家，2016（11）：83–89.
[103] 钱忠好，王兴稳. 农地流转何以促进农户收入增加——基于苏、桂、鄂、黑四省（区）农户调查数据的实证分析 [J]. 中国农村经济，2016（10）：39–50.
[104] 刘玥汐，许恒周. 农地确权对农村土地流转的影响研究——基于农民分化的视角 [J]. 干旱区资源与环境，2016，30（05）：25–29.
[105] 钱忠好，冀县卿. 中国农地流转现状及其政策改进——基于江苏、广西、湖北、黑龙江四省（区）调查数据的分析 [J]. 管理世界，2016（02）：71–81.
[106] 许恒周，常耀丹，刘玥汐. 农民分化视角下农地流转对农民收入的影响分析——基于天津市西青区、静海县农户问卷调查的实证研究 [J]. 中国农村研究，2015（02）：3–12.
[107] 马贤磊，仇童伟，钱忠好. 土地产权经历、产权情景对农民产权安全感知的影响——基于土地法律执行视角 [J]. 公共管理学报，2015，12（04）：111–121+158–159.

［108］冀县卿，钱忠好，葛轶凡. 如何发挥农业补贴促进农户参与农地流转的靶向作用——基于江苏、广西、湖北、黑龙江的调查数据［J］. 农业经济问题，2015，36（05）：48-55+110-111.

［109］郑宝华，蒋京梅. 建立需求响应机制，提高扶贫的精准度［J］. 云南社会科学，2015（6）：90-96.

［110］马贤磊，仇童伟，钱忠好. 农地产权安全性与农地流转市场的农户参与——基于江苏、湖北、广西、黑龙江四省（区）调查数据的实证分析［J］. 中国农村经济，2015（02）：22-37.

［111］王兴稳，钱忠好. 教育能促进农地承包经营权流转吗？——基于江苏、湖北、广西、黑龙江 4 省（区）1120 户农户的调查数据［J］. 农业技术经济，2015（01）：11-21.

［112］许恒周，石淑芹. 农民分化对农户农地流转意愿的影响研究［J］. 中国人口·资源与环境，2012，22（09）：90-96.

［113］许恒周，郭玉燕，石淑芹. 农民分化对农户农地流转意愿的影响分析——基于结构方程模型的估计［J］. 中国土地科学，2012，26（08）：74-79.

［114］许恒周，石淑芹，吴冠岑. 农地流转市场发育、农民阶层分化与农民养老保障模式选择——基于我国东部地区农户问卷调查的实证研究［J］. 资源科学，2012，34（01）：136-142.

［115］诸培新，金焱纯，代伟. 区域间农村土地流转影响因素比较分析—基于江苏省农户调研的实证［J］. 中国土地科学，2011（11）：21-26.

［116］左停，杨雨鑫，钟玲. 精准扶贫：技术靶向、理论解析和现实挑战［J］. 贵州社会科学，2015（8）：156-162.

［117］王亚辉，李秀彬，辛良杰. 农业劳动力年龄对土地流转的影响研究——来自 CHIP2013 的数据［J］. 资源科学，2017，39（08）：1457-1468.

［118］王兴稳，钱忠好. 教育能促进农地承包经营权流转吗——基于江苏、湖北、广西、黑龙江 4 省（区）1120 户农户的调查数据［J］. 农业技术经济，2015（01）：11-21.

［119］赵光，李放，黄俊辉. 新型农村养老保险对农民土地流转行为的影响——基于“中国健康与养老追踪调查”数据的倍差法分析［J］. 江西财经大学学报，2015（04）：49-58.

［120］张忠明，钱文荣. 不同兼业程度下的农户土地流转意愿研究——基于浙江的调查与实证［J］. 农业经济问题，2014，35（03）：19-24+110.

［121］张兰，冯淑怡，陆华良，曲福田. 农地不同流转去向对转出户收入的影响——来自江苏省的证据［J］. 中国农村观察，2017（05）：116-129.

［122］张兰，冯淑怡，陆华良，曲福田. 农地规模经营影响因素的实证研究——基于江

苏省村庄调查数据［J］. 中国土地科学，2015，29（11）：32-39+62.
［123］黄惠春，曹青，曲福田. 农村土地承包经营权可抵押性及其约束条件分析——以湖北与江苏的试点为例［J］. 中国土地科学，2014，28（06）：44-50.
［124］张兰，冯淑怡，曲福田. 农地流转区域差异及其成因分析——以江苏省为例［J］. 中国土地科学，2014，28（05）：73-80.
［125］陈奕山，钟甫宁. 代际差异、长期非农收入与耕地转出稳定性［J］. 南京农业大学学报（社会科学版），2017，17（03）：112-120+159.
［126］吴巍，张安录. 农地流转影响因素研究——基于河南省 4 市 625 份农户调查［J］. 华中农业大学学报（社会科学版），2016（04）：107-113+131-132.
［127］侯建昀，霍学喜. 信贷可得性、融资规模与农户农地流转——以专业化生产农户为例［J］. 中国农村观察，2016（06）：29-39.
［128］韩家彬，张书凤，刘淑云，常进雄. 土地确权、土地投资与农户土地规模经营——基于不完全契约视角的研究［J］. 资源科学，2018，40（10）：2015-2028.

后　记

拙作付梓之际，感慨良多。从 2012 年攻读博士研究生至今，接近十年。在这十年时间里，土地一直是我不变的研究主题。2012 年 -2015 年攻读博士学位期间，主要从事土地征收补偿的研究。其时，“土地财政”问题讨论正酣，土地财政下的土地征收补偿问题是众多学者讨论的焦点。“财政幻觉”“土地发展权”“建设用地入市”都是土地征收的延伸话题，以至于后来的热点话题“房地产税”的征收也牵涉其中。我的博士论文试图构建一个统一的框架，讨论以上诸多问题，并试图给当时的土地征收补偿标准之争添加新的注脚。读博期间，研究的话题还涉及到了当时讨论比较多的城市建设用地利用效率评价、土地市场化改革对用地效率影响等。

2016 年 -2018 年，我的研究方向稍有变更，由土地征收补偿转为土地流转，但仍然在土地制度与资源利用效率这一主题内。2014 年中央深改组审议通过了《关于引导农村土地承包经营权有序流转发展农业适度规模经营的意见》，提出农村土地所有权、承包权、经营权三权分置，开启了农村土地改革的又一轮浪潮。回答土地流转现实及困境，土地流转的影响因素，土地流转的绩效评价成为学术回应现实的关键问题，本书即是对上述问题的一点回应。土地流转既是重大理论问题，也是重大现实问题，没有扎实的基层调研，恐怕难以对其进行深刻把握。习近平总书记强调要“把论文写在祖国大地上”，作为社会科学领域的研究者，深感责无旁贷。本书的主要特色就在于对土地流转问题的基层调研。

2019年至今，我开始致力于农村宅基地流转与退出制度改革的研究。2018年中央一号文件首次提出了宅基地“三权分置”改革，这是中央对农村土地制度改革的又一次创新，将深刻影响农村土地利用以及农业、农村、农民的发展。如何给出当前农村宅基地利用的准确评价，如何回应广大农民对农村宅基制度改革的期许，将是我下一步研究的核心议题。但是，作为一个研究阶段的结束，适当的总结和回顾显得尤为必要，本书即是对我从事土地研究的第二个阶段的总结和回顾。当然，我相信本书也会成为我下一个阶段研究最好的起点。

研究农村土地问题是个相对辛苦的差事，深入基层、走入农村必不可少。而且调研只是研究的开始，问卷整理、数据录入、数据整理，每一步都需要大量的人力付出。所以，行文最后特别感谢山东财经大学李成友教授及其调研团队、山东师范大学经济学院土地流转调研团队的辛苦付出，是他们对本书的成文提供了基础的文字资料和数据材料的支持。没有他们的调研访谈、数据整理等工作，就不会有今天这本著作。本书的出版受山东省社会科学规划研究项目·青年项目（19DJJJ14）和教育部人文社会科学研究项目（21YJC790128）资助，得到了经济日报出版社的大力支持。在此，特别感谢经济日报出版社的陈礼滟编辑，是陈礼滟编辑的倾情付出才让本书得与读者见面。还要感谢本书出版背后默默付出的所有工作人员。当然，文责自负。

夏清滨

2021年9月写于济南